Cerrado em *close*

Cláudio Ferreira

Cerrado em *close*

Histórias dos primeiros anos da TV em Brasília

Ler Editora

Brasília, 2012

LER Editora Ltda.
SIG Quadra 04 Lote 283 – 1º Andar
Tel.: (61) 3362-0008 – Fax: (61) 3233-3771
lereditora@lereditora.com.br
www.lereditora.com.br

Editor
Antonio Carlos Navarro

Autor
Cláudio Ferreira

Projeto gráfico
Samuel Tabosa de Castro

Impressão e acabamento
Ler Editora Ltda.

Dados Internacionais de Catalogação na Publicação (CIP)

Ferreira, Cláudio
Cerrado em close – Histórias dos primeiros anos da TV em Brasília / Cláudio Ferreira. – Brasília: LER Editora, 2012.

88 p. il., 15 x 21 cm.

ISBN: 978-85-64898-19-6

1. Literatura brasileira. 2. Memória cultural – cinema. I. Título.

CDU 82-9
791

Este livro é dedicado a todas as pessoas
que fizeram parte da história
da televisão em Brasília, especialmente
a Fátima Gomes, jornalista pioneira da
TV Globo Brasília

Agradecimentos

A José Eduardo Pandossio, Dulce Queiroz e Iroã Simões, os primeiros a acreditarem neste projeto

À minha família, que me ensinou, desde muito cedo, a gostar de televisão

A todos os entrevistados e a todos os que me fizeram chegar aos entrevistados

A Adeilton Lima, Bidô Galvão, Antonio Pedro Vargas, Caio Franzolin, Carmem Moretszohn, Carolina Jardon, Daniel Huis, Divina (Ordem dos Músicos), Giuliano Baeta, Guilherme Reis, Irlam Rocha Lima, Luciano Lima, Luiza Inez, Maria do Carmo Souza (Arquivo Público do DF), Mariana Klotz (TV Record), Nahima Maciel, Patricia Araujo (EBC), Patricia Leite, Paula Lordello (TV Globo), Paulo José Cunha, Regina Trindade, Ricardo Pipo, Rodrigo Caetano, Rosualdo Rodrigues, Sabrina Moura (TV Globo), Suellen Fernandes (Arquivo Público do DF), Valéria Inês Vargas e Wilson Rossato.

Sumário

Apresentação	11
Introdução	15
Celeiro de notícias	29
No tempo do filme	35
Segue Brasília Urgente!	39
Logotipo	41
Antes da Xuxa	43
Trenzinho	47
Fenômeno de popularidade	49
Incógnitos	53
O Sonho de ir à Disney	55
Sob o signo do improviso	57
Microfones a postos	61
Preconceito	67
Os donos do auditório	69
Brasília chique	73
Estrela no Planalto Central	76
Cardápio variado	79
Dividindo a tela	82
De Brasília para o Brasil	83
Revista experimental	85
Na hora do intervalo	86

Apresentação

Muitas coincidências entre a história da televisão brasileira e a história de Brasília motivaram o início desta pesquisa. Afinal, salvo engano, a capital federal deve ser a única cidade do País – e, quem sabe, do mundo – a ter em funcionamento três emissoras de TV no dia da inauguração. Mais ainda: foram as cerimônias do 21 de abril de 1960 que deram o pontapé inicial no uso do videoteipe no Brasil. A partir da inauguração de Brasília, a televisão brasileira deixou de ser exclusivamente "ao vivo" e entrou, aos poucos, na era da programação pré-gravada.

Mesmo com tantos fatos históricos, a evolução da TV em Brasília é pouco documentada. O Arquivo Público do DF possui acervo escasso sobre o tema, raros são os livros que falam sobre o assunto e os arquivos das próprias emissoras não têm muito material disponível. Mas a vantagem de pesquisar uma cidade que acabou de completar 50 anos é que muitas "testemunhas oculares da História" (como dizia o velho slogan do telejornal "Repórter Esso") ainda moram em Brasília ou ainda estão na mídia e podem ser encontradas.

Esta história poderia ser contada também a partir de lembranças. Das imagens de televisão em preto-e-branco, por exemplo, toda uma geração se lembra. O percurso da TV em Brasília também poderia ser refeito a partir dos intervalos comerciais: as inúmeras propagandas da caderneta de poupança Colmeia, ainda estão vivas nas memórias de alguns, assim como personagens inesquecíveis, como o garoto-propaganda da loja de material de construção que, vez por outra, ainda aparece para relembrar o bordão "Senti firmeza, Demacol!". Quem mora em Brasília desde a década de 70, também se lembra de uma das maiores manifestações de admiração pela TV: as aglomerações que se formavam anualmente na barraca da Rede Globo na Festa dos Estados. Os fãs se acotovelavam para ver os artistas das novelas que vinham à cidade sempre no mês de junho. Crianças, jovens e adultos também disputavam – quase a tapa – o sorteio de LPs (os "pais" dos CDs) com a trilha sonora das novelas.

O objetivo principal, no entanto, foi puxar pelas lembranças de quem esteve na televisão não só como telespectador. E coletar detalhes técnicos, histórias de bastidores, imprevistos, as primeiras dificuldades e as soluções encontradas para driblar a falta de experiência e a pouca tecnologia disponível. É principalmente nos depoimentos, portanto, que este livro é baseado. Foram mais de 40 entrevistas com jornalistas, apresentadores, artistas e técnicos que, em algum momento, estiveram na televisão brasiliense. Também foram ouvidas pessoas que não se tornaram profissionais de TV, mas que participaram dela de alguma forma. As décadas de 60, 70 e 80 foram privilegiadas, já que a partir da década de 90, a programação local realizada pelas emissoras se restringiu quase que exclusivamente ao telejornalismo – o entretenimento da cidade passou a ser mostrado, na maioria das vezes, pelas produções independentes.

Não se pretendeu fazer uma enciclopédia que abarcasse todos os detalhes dos 52 anos de televisão em Brasília. Optou-se por localizar o leitor nos aspectos mais importantes desta trajetória. O mais valioso, no entanto, foram as palavras dos entrevistados: do técnico mais escondido nos estúdios às estrelas do vídeo, todos contribuíram com pedaços que tentam mostrar como Brasília e televisão – ambas concebidas nos anos 50, mas solidificadas na década de 60 – tiveram seus destinos cruzados.

Ficou de fora a Brasília transmitida via satélite para todo o País. As tradicionais imagens que restringem a cidade à Esplanada dos Ministérios já são por demais conhecidas da maioria dos brasileiros. O foco primordial deste trabalho é a Brasília-cidade. É claro que a sombra do Poder está presente em vários pontos desta história. Mas, aqui, não é a personagem principal. Este lugar é ocupado pelos brasilienses, temporários ou definitivos, natos ou adotados, famosos ou anônimos. É a história deles, enquadrada por pelo menos uma câmera e registrada também por um microfone – e transmitida para toda a cidade – que guiou o processo de pesquisa.

O resultado, espera-se, pode servir de ponto de apoio para novos trabalhos. E de inspiração para que, em outras áreas, a história de Brasília seja documentada, antes que os personagens dos primeiros tempos não estejam mais aqui e que os pesquisadores só possam se valer do que foi escrito, filmado, gravado ou fotografado. A coleta de fotos, por exemplo, só foi possível graças à ajuda dos próprios entrevistados. Nem a internet foi eficiente para identificar todos os que aparecem nas imagens. Daqui a algum tempo, portanto, quando não forem mais localizados estes e outros registros importantes, a história da cidade corre o perigo de simplesmente desaparecer.

Arquivo CB/D.A. Press

Técnico manuseia equipamento da TV Brasília

Introdução

A televisão no Brasil estava completando nove anos naquele 1959. Mas ainda era restrita aos poucos brasileiros de classe média alta que podiam importar um aparelho e desfrutar da programação. Tudo ao vivo, o que rendia muita improvisação para contornar os contratempos. Tudo regional, já que a comunicação via satélite ainda era um sonho futuro. Tudo em preto-e-branco. Tudo com jeito de rádio, já que as câmeras eram muito pesadas e não havia as facilidades de transmissão a que estamos acostumados em 2012.

Mesmo assim, o homem que tinha inaugurado a primeira emissora do país – a TV Tupi de São Paulo, em 18 de setembro de 1950 – resolveu enfrentar as dificuldades. Assis Chateaubriand, comandante dos Diários Associados, um conglomerado de emissoras de rádio, TV, revistas e jornais, era uma das personalidades mais influentes do país. E resistia à idéia de que a capital tinha que ser transferida do Rio de Janeiro para o Planalto Central. Durante algum tempo, foi opositor explícito da construção de Brasília. Duvidava que a cidade planejada fosse sair do papel na data marcada pelo presidente Juscelino Kubitschek. E, segundo o historiador Glauco Carneiro, teria feito um desafio a JK. "Se o senhor inaugurá-la (**Brasília**) mesmo no dia 21 de abril, saiba que encontrará lá um jornal Associado". Depois teria dobrado a promessa: estaria lá também uma emissora de televisão.

O desafio foi feito no segundo semestre de 1959. Dias depois, o compromisso foi tomando forma a milhares de quilômetros da futura capital. E assustou o então diretor dos Diários Associados, Edilson Cid Varela, que contou o episódio ao jornalista Adirson Vasconcelos. "No outono de 1959, em Londres, hóspede da embaixada, recebemos ordens do doutor Assis Chateaubriand para acompanhá-lo a uma recepção em casa de amigos. Lá, o embaixador deu-nos a incumbência de convidar, em seu nome, a Sra. Shella

Parnell para madrinha da futura estação de televisão de Brasília, a ser inaugurada", relatou Edilson. A madrinha do Correio Braziliense era Sarah Kubitschek. Ele reproduz o diálogo com Chateaubriand, que teria dito: "Meu filho, vá convidar aquela moça para ser madrinha da TV Brasília". "Mas que TV, dr. Assis?" "É a emissora que vamos inaugurar junto com a cidade".

O atual vice-presidente institucional do jornal Correio Braziliense, o jornalista Ari Cunha, adiciona mais um ingrediente. Ele diz que havia interesse de instalar uma emissora de televisão em Brasília porque Chateaubriand era amigo do presidente da RCA, a poderosa indústria norte-americana de equipamentos eletrônicos. E a revista "Brasília", editada pela Companhia Urbanizadora da Nova Capital (Novacap), revela, na edição de número 36, de dezembro de 1959, que o governo federal também se mexeu para concretizar a promessa dos Diários Associados. Diz o texto: "Por decreto presidencial foi outorgada concessão à Superintendência das Empresas Incorporadas ao Patrimônio Nacional para a instalação de uma estação de TV em Brasília, para operar conjuntamente com a Rádio Nacional". Em outro ato, o presidente concedeu quatro canais de televisão para a nova capital do país.

Não era só o doutor Chateaubriand que pensava na inauguração de uma emissora de televisão em Brasília. O engenheiro Victor Purri Netto, que havia instalado a TV Itacolomi, em Belo Horizonte, quatro anos antes, ficou com a mesma idéia depois de uma visita às obras da futura capital. Escreveu uma comunicação interna, manuscrita, a João Calmon, então superintendente dos Diários Associados. "Eu acho que precisamos montar um jornal e uma TV em Brasília", estava escrito no bilhete. "Ninguém acreditava em Brasília", relembra ele. "Brasília era um fim de mundo", completa Purri, que depois da visita se rendeu à novidade.

Ele conta que não recebeu resposta do superintendente e continuou seu trabalho na emissora mineira. No dia 29 de dezembro de 1959, acordou sobressaltado com alguém batendo na porta de casa às 6h. Ainda de pijama, o susto: era o superintendente João Calmon e o secretário dele, Nereu Bastos. A mulher de Purri correu para fazer o café. O marido recebeu uma "intimação". "Eu quero que você vá a Brasília comigo resolver um negócio", teria dito Calmon. "Você me escreveu e nós vamos lá agora montar uma rotativa **(para imprimir o jornal)** e uma estação de TV". O engenheiro tentou negociar para vir a Brasília depois do Ano Novo. Não adiantou. Embarcou no mesmo dia.

A primeira providência foi demarcar o terreno onde ficaria a TV Brasília. Os topógrafos tiveram que fazer o serviço à noite, porque a agenda do dia já estava tomada pelas outras construções da nova capital. No dia seguinte, Victor Purri Netto já estava de volta a Belo Horizonte com a incumbência de fazer o projeto preliminar do prédio. Dois ou três dias depois, ele já tinha as plantas.

Outro jornalista, Jairo Valladares, que morava em Belo Horizonte, foi convidado para acompanhar a construção dos prédios do futuro jornal e da futura emissora de TV dos Associados – um no atual Setor de Indústrias Gráficas e outro no Setor de Rádio e TV Sul. Chegou em Brasília em dezembro de 1959. "Os operários trabalhavam 24 horas, em dois turnos de 12 horas", lembra ele.

O tempo era curto para importar equipamentos. Por isso, outras emissoras associadas cederam material. O primeiro transmissor era fabricado pela RCA e tinha 500 watts de potência. Foi doado pela TV Mariano Procópio, de Juiz de Fora (MG). Técnicos vieram da TV Tupi de São Paulo e da TV Itacolomi, de Belo Horizonte. As TVs Itapoã, de Salvador (BA), Piratini, de Porto Alegre (RS) e Rádio Clube, de Recife (PE) também colaboraram. Além de Victor Purri Netto, o engenheiro Igor Olimpiew também cuidou de toda a instalação. Parte do material era de Belo Horizonte. Minas Gerais, aliás, era o local onde os Diários Associados tinham presença mais forte e, portanto, um dos estados onde Chateaubriand tinha mais poder. Tanto que os banqueiros mineiros foram convocados a financiar a empreitada candanga.

Inauguração

Além de inaugurar uma emissora de televisão junto com a capital, o grande desafio dos Diários Associados era mostrar as principais cerimônias para as cidades que já contavam com transmissões regulares, como Rio de Janeiro, São Paulo e Belo Horizonte. A solução era estrear um equipamento ainda inexistente no Brasil: o videoteipe. Como não havia condições técnicas de fazer as transmissões ao vivo, a idéia era registrar as solenidades e transmitir o material gravado para Belo Horizonte, de onde ele seria retransmitido para as outras cidades.

É claro que não era um videoteipe portátil, destes que fizeram sucesso em vários lares a partir de 1980. Victor Purri Netto lembra que a máquina tinha quatro divisões e mais de dois metros de altura. A fita tinha cinco centímetros de largura e o rolo pesava cerca de cinco quilos. Fita de filme, diga-se de passagem: um filme de 16 milímetros, que tinha que passar por um processamento químico e ser revelado antes de as imagens irem ao ar.

Vale lembrar que a região do Distrito Federal era completamente isolada do resto do país. Os técnicos sugeriram construir uma rede de torres para enviar, por um sistema de microondas, as imagens da inauguração a Belo Horizonte. "Alguns receptores foram instalados em região de mata fechada", conta Ari Cunha. "No dia da inauguração, muitos trabalhadores precisaram segurar os fios para garantir a ligação e a transmissão".

A estrutura para a inauguração é descrita em detalhes no livro "A História de uma Teleemissora: TV Itacolomi Sempre na Liderança", de José de Oliveira Vaz. É um depoimento justamente do engenheiro Victor Purri Netto, que diz que tudo foi baseado em um levantamento aerofotogramétrico da rota. "A instrução era trazer a imagem a Belo Horizonte e daí levá-la ao Rio de Janeiro pela linha de micro-ondas, por mais 350 quilômetros, a primeira do Brasil feita para transmitir sinais de televisão já operacional".

Jairo Valladares diz que algumas destas torres de transmissão eram feitas de madeira. E revela que uma delas não funcionou. Mas uma possível falha já tinha sido prevista: uma esquadrilha da Força Aérea Brasileira, além dos aviões da Vasp, ficaram de prontidão, sobrevoando continuamente a região para levar, em caráter alternativo, os sinais até os transmissores das emissoras Tupi do Rio e de São Paulo e da TV Itacolomi, de BH. Resultado: um avião da Vasp substituiu a torre no papel de rebater o sinal. "Esse processo era usado nos Estados Unidos da América com sucesso", relata Victor Purri no livro de José Vaz. "Estávamos todos no espírito de JK, com a mentalidade de acreditar no impossível", relembra, saudoso, Jairo Valladares. A transmissão cobriu uma extensão de 2.200 km, utilizando sistemas de microondas montados em 23 estações retransmissoras.

O caminhão para transmissões externas veio do Rio de Janeiro. O aparelho de videoteipe chegou dos Estados Unidos em um cargueiro da empresa Pan American que o desembarcara no Aeroporto Internacional do Galeão. Um caminhão o transportou para Brasília. Mas o jornalista Mário Garófalo, outro profissional que participou da cobertura da inauguração, disse, em depoimento ao Arquivo Público do DF, que uma antena importante para a transmissão não chegou a tempo. "Juntou-se todo mundo, nós fizemos uma antena improvisada com vergalhões da obra. Parecia manequim de costureira.Imagine um manequim de 3 metros de altura. Pusemos em cima do telhado da TV Brasília, funcionou durante um ano." Victor Purri Netto também teve que improvisar uma antena: duas, aliás (feitas com canos de água), porque as transmissões de som e imagem eram feitas separadamente.

De acordo com o livro "Brasil, Primeiro", que registra a história dos Diários Associados, além das três maiores cidades do país, também os moradores de Juiz de Fora e de Ribeirão Preto (SP) puderam assistir às cerimônias de inauguração de Brasília. A mesma publicação, no entanto, aponta a ausência mais sentida pelo presidente JK: o empresário Assis Chateaubriand faltou à festa.

Pelo menos dois outros livros questionam a qualidade das imagens que três estados do País conseguiram ver. No seu "Almanaque da TV", Rixa diz que a transmissão tinha "imagens trêmulas, chuviscos, interrupções bruscas e som deficiente". O concorrente Walter Clark, que era diretor da TV Rio e também transmitiu a inauguração de Brasília, descreve impressão parecida em seu livro "O Campeão de Audiência". "Só chegava ao Sul **(do país)** uma imagem carregada de chuviscos, na qual era impossível distinguir alguma coisa".

É no livro de José Vaz que o engenheiro Purri Netto resume como foi a transmissão da inauguração de Brasília. "Toda sorte de contratempos também ocorria com o link de micro-ondas para Belo Horizonte, que levava o sinal ao Rio de Janeiro. Mesmo assim, conseguimos transmitir vários *flashes* de Brasília. Eram *flashes* na acepção da palavra, porque o link funcionava por intervalos curtos de cada vez".

Videoteipe

A opção da TV Rio, que inaugurou a TV Alvorada em Brasília também em 21 de abril de 1960, foi utilizar o videoteipe de forma diferente. A emissora também tinha mandado para Brasília um caminhão de externas com um aparelho de videoteipe. O VT, como é conhecido hoje em dia, era a mais recente aquisição do diretor João Batista do Amaral, que mandou vir dos Estados Unidos quatro máquinas: duas para a TV Rio e duas para as novas estações, a TV Belo Horizonte, na capital mineira e a TV Alvorada. Em seu livro, Walter Clark relata a operação de guerra. "O caminhão estava tão baleado e as estradas para Brasília eram tão ruins que não dava para ele chegar lá rodando. Pusemos o bicho dentro de um cargueiro do Lloyd Aéreo Brasileiro, um avantajado Curtiss Commander e a equipe foi para capital".

Um link entre o Palácio do Planalto e a sede da TV Alvorada permitiu a gravação da cerimônia de inauguração. Clark diz que a primeira opção da TV Rio também era usar o sistema de microondas. Mas diante das dificuldades que observaram nas transmissões da TV Brasília, adotaram outra alternativa. "Montamos um esquema de emergência para o tráfego das fitas de VT. Naquela época, havia 3 vôos diários para o Rio. Então, nos organizamos para que cada um deles trouxesse fitas gravadas com as cerimônias da inauguração. Eu e o João ficamos correndo entre a TV Rio e o **(Aeroporto)** Santos Dumont, pegando e despachando fitas. O pouco que nossas câmeras conseguiram gravar lá foi para o ar pela TV Rio e pela TV Record, que usou o nosso link para retransmitir".

A sede da TV Alvorada, aliás, merece um registro especial. A emissora foi montada precariamente em um prédio residencial. "Era um apartamento de três quartos, com pé direito de pouco mais de dois metros, um absurdo total em matéria de instalação de TV. Você saía do estúdio e sentia o cheiro de bife que a vizinha estava fritando para o almoço", conta Walter Clark, que complementa: "Para administrar essa espaçosíssima estação, mandamos o José Acrísio de Góes Bezerra, um sujeito extraordinariamente gordo, que devia ocupar sozinho uns dois terços do estúdio". Não há registros escritos, mas diz-se que a TV Alvorada funcionou na SQS 304.

A terceira emissora que começou a funcionar no dia da inauguração de Brasília foi a TV Nacional. Em depoimento à pesquisadora Patricia Leite, autora do livro "Luz Capital", o jornalista Celson Carlos, um dos fundadores da emissora, conta que o pedido para que a emissora começasse a operar em 21 de abril de 1960 foi do próprio presidente JK. Segundo ela, 40 profissionais foram contratados no Rio de Janeiro e em São Paulo e se instalaram provisoriamente no auditório da Rádio Nacional, a partir de agosto de 1959.

O prédio do Setor de Rádio e TV Sul foi adaptado para que a emissora de rádio dividisse seu espaço com a nova emissora de televisão. E Celson faz uma inconfidência: os funcionários da Rádio Nacional do Rio de Janeiro teriam ficado com "ciúmes" da instalação da TV Nacional de Brasília, já que a televisão representava, àquela época, o futuro das telecomunicações no país.

Apesar de ter chegado aos telespectadores no dia da inauguração da cidade, a TV Nacional só foi inaugurada oficialmente quase um mês depois. É a revista Brasília, da Novacap, que faz o registro, na edição de número 42. "A 16 de junho, o presidente JK inaugurou oficialmente a TV Nacional de Brasília, canal 3, numa solenidade a que estiveram presentes ministros de estado, parlamentares, magistrados. (...) data em que a Nacional de Brasília, pelo vídeo, começou a apresentação, em caráter regular e definitivo, de programas musicais e educacionais ao vivo, alem de palestras e entrevistas com as altas autoridades da República."

Programação

Inauguradas as três emissoras, a pergunta: como montar uma grade de programação? Que programas seriam produzidos? Como distribuir os horários? Ari Cunha é testemunha da precariedade dos primeiros tempos na TV Brasília. "No início, não havia programação definida. Faziam a grade horária, mas ninguém obedecia. Nas entrevistas, sempre ultrapassavam o tempo". Segundo ele, as novelas vinham de avião do Rio de Janeiro. Os programas tinham 5 ou 6 edições de atraso em relação a São Paulo e Rio. O primeiro aparelho de videoteipe, conta Jairo Valladares, equipamento da norte-americana RCA, ocupava uma parede inteira – seriam necessários alguns anos até que os japoneses desenvolvessem máquinas mais compactas.

Logo depois da inauguração, a programação só ia das 19h as 22h. Com o tempo é que este horário foi sendo ampliado. E havia um problema: as três emissoras estavam à disposição do público, mas poucos tinham o televisor. Foi Assis Chateaubriand quem novamente teve a iniciativa: trouxe 60 aparelhos importados para constituir a primeira "audiência" da cidade.

A Brasília capital começou a aparecer logo na telinha. Segundo o jornalista Adirson Vasconcelos, sete dias depois da inauguração da cidade, foi transmitida parte de uma sessão da Câmara dos Deputados. Em fevereiro de 1961, o então presidente Janio Quadros falou para Rio de Janeiro, São Paulo, Belo Horizonte e Ribeirão Preto, por meio de câmeras instaladas no Palácio do Planalto

Jairo Valladares lembra que, nos primeiros tempos da TV Brasília, os filmes eram comprados diretamente das distribuidoras. Cinquenta por cento da programação era local, material produzido em um estúdio de 15 por 20 metros e no auditório com capacidade para 150 lugares. Às sextas-feiras e sábados, as emissoras aproveitavam a vinda de artistas nacionais para shows em clubes e os convidavam para apresentações ao vivo. Vieram, entre outros, Agostinho dos Santos, Elza Soares, Angela Maria, além de um tímido estreante – Roberto Carlos. O clima era de intimidade com os artistas. "Maisa Matarazzo fez 15 shows. Em um deles, o patrocinador entregou um buquê de rosas no estúdio".

Também dos clubes, a TV Brasília "importou" os concursos da Miss Brasília e Miss Brasil, que foram, durante muito tempo, marca registrada das emissoras de TV dos Diários Associados. A programação local era preenchida também com campanhas para valorizar a nova cidade – Jairo lembra-se da que estimulava os moradores a passar o Natal e fazer as compras em Brasília e a que reforçava a importância de cuidar dos jardins e, assim, tornar a cidade mais agradável.

A professora Maria de Souza Duarte, que defendeu uma dissertação de Mestrado na UnB sobre a Educação pela Arte em Brasília, colheu alguns depoimentos de pioneiros da televisão brasiliense. O ator Murilo Eckhardt, por exemplo, fala de apresentações teatrais na TV. "O Teatro do Estudante de Brasília surgiu do clube de teatro do (**Colégio**) Elefante Branco, tendo Maria José Braga como diretora. A estréia foi em julho de 1960 com "A revolta dos brinquedos". A segunda apresentação foi na TV Brasília".

Outro depoimento é de Dener, funcionário da TV Brasília durante algum tempo, que dá exemplos de programas que eram produzidos nos primeiros tempos. "Havia uma programação regional da TV. "Escada de Sucesso", só com artistas de Brasília, tinha audiência e patrocinador local. "Show Discal" era patrocinado por uma sapataria. "Formula 1" contava com a participação de Angelo Maximo, Paulo Burgos, Avena de Castro, Primo, Semíramis. Fernando Lopes fez "Talento 70". O "Nossa Alma, nossa gente", de Darley, era o "Som Brasil" local."

Artistas de circo

Existem poucos registros sobre a programação da TV Alvorada. Mas uma atriz de telenovelas em atividade até hoje, recordista com nome no Guiness Book em número de participações na teledramaturgia brasileira, fez parte de um dos primeiros elencos da emissora. Ana Rosa era artista de circo, e casada com Dedé Santana (que mais de uma década depois faria sucesso no quarteto Os Trapalhões).

Em seu livro "Essa Louca televisão e sua gente maravilhosa", ela faz breve registro da experiência. "Fiz televisão pela primeira vez em 1960, em Brasília, na recém-inaugurada TV Alvorada. Estávamos lá com o Circo de Revistas Real. Fazíamos um teleteatro semanal ao vivo com elenco e repertório do circo. Mas foi durante um pequeno período". Tão pequeno que ela considera como sua estréia de verdade a contratação pela TV Tupi de São Paulo, em março de 1964.

Segundo o "Almanaque da TV", de Rixa, foi a TV Alvorada, acidentalmente, uma das pioneiras da transmissão em cores.

Experiências informais com a exibição de imagens coloridas estavam sendo feitas no Brasil desde 1969. Mas o livro registra um "susto" que os telespectadores de Brasília teriam levado na noite de 7 de agosto de 1969. "Durante o programa do cronista social Jean Pouchard, televisores comuns receberam imagens nas cores vermelha, azul e verde. Eram comerciais de cerveja e cigarros estrangeiros, anunciados em inglês na TV Alvorada. Foi a primeira exibição brasileira no sistema Color Tel, desenvolvido pelo inventor americano James Butterfield". A transmissão em cores, no entanto, só passou a ser uma realidade na televisão brasileira a partir de 1972.

1969 foi o ano em que o homem pisou pela primeira vez na Lua. O feito foi visto por milhões de pessoas pela televisão, mas Brasília quase ficou de fora deste momento histórico. Pelo menos é o que conta a repórter Paloma Oliveto, do jornal "Correio Braziliense", em reportagem para comemorar os 40 anos desta conquista espacial. "A capital corria o risco de perder a transmissão das imagens, por causa da sobrecarga do satélite Pássaro Madrugador, que estava substituindo o Intelsat III. Mas foi possível acompanhar "com uma imagem excelente o mais espetacular feito da humanidade", conforme os dizeres de um anúncio da TV Brasília".

Bem antes disso, o telespectador brasiliense já queria saber de outras novidades da telinha. Pelo menos é o que se supõe a partir de um tesouro encontrado no acervo do Arquivo Público do DF. Em um número da revista "Brasília", uma coluna assinada por Norton de Camargo, inteiramente dedicada à televisão. Vale a pena reproduzir os comentários sobre as três emissoras em funcionamento, principalmente para se deliciar com a linguagem da época:

- "A TV Nacional de Brasília está providenciando a construção de nova torre irradiante, com mais de 200 metros de altura, o que possibilitará a captação de sua imagem num raio superior a 200 km"

- "A TV Alvorada, embora com sua programação toda elaborada à base de videoteipe, é sem dúvida uma das mais procuradas pelos sintonizadores. É pena que a sua parte técnica não venha correspondendo plenamente. Distorção na imagem e ruídos estranhos contribuem bastante para este estado de cousas".
- "A TV Brasília atualmente em grande gala graças à orientação dinâmica que lhe vem imprimindo o seu atual diretor, o jornalista Wilson Aguiar. Toda a programação artística do canal sofreu profundas modificações e a parte técnica foi amplamente remodelada. Resultado: o canal 6 situa-se hoje em uma posição de destaque perante os sintonizadores da nova capital".

Novidade mesmo foi a construção, a partir do segundo semestre de 1960, do marco mais visível da televisão brasiliense: a suntuosa Torre de Televisão, prevista no plano original de Brasília, instalada no meio do Eixo Monumental. Em sua primeira edição de 1961, a revista Brasília estampou uma foto da base da torre, e deu as seguintes informações: "A torre de televisão e rádio já parcialmente construída, com a base de concreto pronta, faltando apenas concluir a estrutura metálica da torre propriamente dita." A revista também reproduz as palavras do urbanista Lucio Costa no seu relatório para o Plano Piloto de Brasília: "...e a torre rádio-emissora, que se prevê de planta triangular com embasamento monumental de concreto aparente até o piso dos estúdios e demais instalações, e superestrutura metálica com mirante localizado a meia altura".

Quatro anos depois, na edição comemorativa dos cinco anos da capital, a revista trouxe mais novidades. "No topo da torre será instalado um farol que, divisado a centenas de milhas, oferecerá aos pilotos um roteiro seguro para suas aeronaves. A estrutura de concreto tem 24,60 metros de altura. A estrutura metálica pesa 360 toneladas. Monumento, 216,60 metros". A inauguração aconteceu no mesmo ano, mas o tal farol, se foi instalado no início, não durou muito tempo.

O panorama da televisão brasiliense só foi modificado substancialmente a partir de 1970. Neste ano, a TV Alvorada deu lugar à TV Capital, ligada à Rede de Emissoras Independentes. A nova estação transmitia a programação da TV Record de São Paulo. Em 1971, foi inaugurada a TV Globo Brasília – era a quarta emissora própria da rede, depois do Rio de Janeiro, São Paulo e Belo Horizonte. Recife ganharia a Globo Nordeste um ano depois.

A virada dos anos 70 para os 80 marcou a televisão no Brasil inteiro. A TV Tupi, parte do que havia sido o império de comunicações mais poderoso do país durante décadas, ruiu sob o peso de dívidas enormes. As emissoras dos Diários Associados de vários estados foram redistribuídas para os interessados. Mas a TV Brasília escapou da partilha: à época da falência da TV Tupi, a emissora não estava com o prazo da concessão terminando. Além disso, estava em dia com o INSS. Continuou com forte programação local, mas se atrelou, sucessivamente, a várias redes nacionais de televisão.

A partilha da Tupi possibilitou ao empresário Silvio Santos formar sua própria rede de TV. Em 10 de dezembro de 1984, ele inaugurou sua emissora em Brasília. Outra rede, a Bandeirantes, começou a exibir sua programação com emissora própria em Brasília a partir de 4 de janeiro de 1987. E a TV Capital foi vendida, em 1989, ao bispo Edir Macedo, da Igreja Universal do Reino de Deus. Em 1990, passou a integrar a Rede Record e no primeiro dia de 1993, foi rebatizada de Record Brasília. Completou o espectro da TV aberta em VHF no Distrito Federal: seis emissoras, que permanecem até hoje no cotidiano dos brasilienses. A TV Nacional passou a se chamar TV Brasil e perdeu boa parte do caráter local, mas ainda é uma emissora baseada na cidade.

REFERÊNCIAS BIBLIOGRÁFICAS

CARNEIRO, G. **Brasil, primeiro – História dos Diários Associados**. Brasília: Fundação Assis Chateaubriand, 1999.

CLARK, W. **O Campeão de audiência – uma autobiografia**. São Paulo: Editora Best Seller, 1991.

DUARTE, M. **Educação pela arte numa cidade nova – o caso Brasília** (Dissertação de Mestrado). Universidade de Brasília. Brasília.

GARÓFALO, M. **Depoimento – Programa de História Oral**. Brasília: Arquivo Público do Distrito Federal, 1993, 26p.

LEITE, P. **Luz-capital – O surgimento da televisão em Brasília contada a partir dos sujeitos da ação: uma história oral que morre diariamente**. Brasília: 2009

RIXA. **Almanaque da TV – 50 anos de memória e informação.** Rio de Janeiro: Editora Objetiva, 2000.

ROSA, A. **Essa louca televisão e sua gente maravilhosa**. São Paulo: Butterfly Editora, 2004.

VASCONCELOS, A. **Jornalista Edilson Cid Varela – o patriarca de Brasília**. Brasília: União Editora Artes Gráficas, 2003.

VAZ, J.O. **A história de uma teleemissora: TV Itacolomi sempre na liderança.** Belo Horizonte, Estado de Minas, 1995.

Jornais
Correio Braziliense.

Revistas
Revista Brasília – Novacap.

Celeiro de notícias

Desde a inauguração de Brasília, os diretores das emissoras já sabiam que o jornalismo deveria ocupar um lugar de destaque na grade de programação. Em primeiro lugar, porque da Capital da República sairiam algumas das notícias mais importantes para o país que crescia, tornava-se mais urbano e tinha pretensões de potência mundial. Depois, porque a própria cidade estava crescendo em um ritmo alucinante – e, conseqüentemente, o volume de notícias locais aumentava. Driblando a falta de tecnologia da época, as emissoras investiram nos telejornais. Quem trabalhou nestes primeiros momentos não consegue esquecer como era difícil colocar no ar o dia-a-dia da cidade e do país.

Não demorou muito e os telejornais passaram a fazer parte do cotidiano brasiliense. Uma mocinha de 18 anos, que havia trocado Belo Horizonte por Brasília por causa da transferência do pai, militar e radialista, sonhava em apresentar um dos noticiários da TV Brasília. Enquanto a oportunidade não vinha, ela treinava em casa. "Eu fazia uma maquiagem e ficava na frente do espelho, lendo livros em voz alta. Também usava um gravador e depois ouvia a minha voz ", revela Márcia Ferreira, que, anos depois, ficaria conhecida nacionalmente como locutora de rádio e cantora do sucesso "Chorando Se Foi", da época da lambada.

Conseguiu fazer um teste, que mostrou aos jornalistas da emissora que a moça tinha talento. Eles resolveram investir e, de 15 em 15 dias, repetiam o teste, até que ela foi contratada. Era 1976 e, das 12h30 às 14h, Márcia se revezava entre notícias locais, nacionais e internacionais. Tudo vinha pelo telex, uma espécie de avô das agências de notícias *on line* da internet. Logo depois, começou a fazer reportagens de rua – a primeira foi o registro da comoção popular pela morte de Juscelino Kubitschek. Também fazia enquetes na Rodoviária. "Havia um aproveitamento muito maior das notícias da cidade do que eu vejo hoje. Tudo se transformava em matéria", salienta. Algumas matérias nacionais eram enviadas para a TV Tupi, emissora-sede dos Diários Associados, em São Paulo.

Foi convidada para se dividir entre a TV e o rádio. Na TV Brasília, ampliou suas atividades apresentando um bloco noticioso no "Brasília Urgente". Ficou dois anos no programa. Mas as propostas do rádio foram irrecusáveis e, em 1984, Márcia Ferreira deixou a telinha, que lhe rendeu convites para apresentar de desfiles de miss a concursos de músicas carnavalescas. "Até hoje eu encontro gente que me diz que me acompanha desde o Brasília Urgente", orgulha-se.

Apresentadora da TV Globo em Brasília a partir de 1976, Maria Luiza também se lembra das manifestações dos fãs. Houve as engraçadas, como a da senhora que se assustou ao vê-la no supermercado. "Você faz compras?!", perguntou, incrédula. Houve também as bizarras, como a de um nissei que se apaixonou por ela e fazia plantão na porta da emissora, imitando posições de lutas marciais: foi preciso que o então marido da apresentadora, Antonio Lúcio,também apresentador da Globo, mostrasse que ela era casada.

Maria Luiza tinha vindo do Rio com o marido, e fez um teste – naquela época, não era preciso ser jornalista para apresentar telejornais. Começou em 1976, no bloco local do "Jornal Hoje" e, eventualmente, entrava em rede nacional. Depois de 7 anos, passou para o DFTV 1ª edição. "A gente chegava uma hora antes e ia lendo os textos, como fazem os atores. Não podia ficar nervoso e tinha que treinar os nomes esquisitos", lembra ela, que, anos depois, casou-se novamente e voltou para o Rio de Janeiro.

Às vezes, o jeito era levar o filho de dois anos, Filipe (que hoje trabalha no departamento de Arte da Globo Brasília), para a redação. Os jornalistas tomavam conta do menino durante o telejornal. Um dia, todos estranharam que os telefones não tivessem tocado – normalmente, enquanto os locutores liam as notícias, a população se manifestava pelo telefone. Descobriram o milagre: o esperto Filipe tinha tirado todos os aparelhos das tomadas.

O apresentador Marcos Hummel, que hoje em dia trabalha na Rede Record, dividiu a bancada do "Jornal Hoje" com Maria Luiza. Nascido em Catalão (Goiás), veio para Brasília aos 17 anos para estudar. Tempos depois, foi apresentado a um publicitário, que elogiou a boa voz e a boa aparência, recomendando que ele trabalhasse em TV. "Não dei importância, não me via com vocação para isto", revela Hummel, em entrevista por e mail desde São Paulo. Ele conta que, em 1975, foi pedir emprego ao publicitário, mas casualmente encontrou um funcionário da Globo e fez um teste. Ficou 21 anos na emissora, quase todos no Rio de Janeiro.

Hummel lembra que havia uma grande defasagem de equipamentos em relação ao que era usado no Rio de Janeiro em São Paulo. "Mas realizávamos programas muito interessantes, com material emprestado por embaixadas, principalmente a da França", diz ele. No início tudo era ao vivo, ainda não havia o videoteipe. "Líamos com o texto na mão, eu chegava a decorar pequenos textos para não olhar sempre para baixo". O talento foi logo notado pela sede da Globo, que o chamou para cobrir férias de outro locutor e logo depois ofereceu um contrato. Brasília passou a fazer parte apenas da vida familiar do apresentador – a mãe dele ainda mora na cidade.

No início dos anos 70, depois de uma breve experiência na TV Gazeta de São Paulo, uma estudante de Comunicação da UnB resolveu bater à porta da Globo Brasília para pedir emprego. Marilena Chiarelli repetiu o caminho de Maria Luiza e Marcos Hummel: começou na apresentação do bloco local do "Jornal Hoje". Ela lembra que a redação era no subsolo do edifício Venâncio VI, no Conic e os estúdios eram na Torre de TV. "A gente ia com um calhamaço de folhas no carro, era um estresse", diverte-se.

Um ano depois, em 1974, foi uma das participantes de um treinamento para formar repórteres de rua. As reportagens eram feitas em filme, tinham que chegar à emissora a tempo de serem reveladas e montadas. "O videoteipe provocou uma revolução completa", diz ela. A primeira reportagem com a 'nova tecnologia' foi sobre Miron, um morador do interior de Goiás que tinha ganhado sozinho na Loteria Esportiva.

Marilena se destacou, no entanto, na área política, cobrindo o Palácio do Planalto e o Congresso Nacional. "Fui a primeira mulher na cobertura política, um assunto dominado por homens, mesmo nos jornais impressos", comemora. Nas entradas ao vivo, sem o *teleprompter* (aparelho acoplado à câmera de estúdio com o texto do telejornal), ela usava um ponto eletrônico. Gravava a reportagem em um gravador, depois ia ouvindo e narrando em cima. "Fiquei com muita dor de cabeça, tive que procurar um neurologista".

Participou dos *pilotos* (testes) na criação do "Bom Dia Brasil", em 1983. Foi convidada para apresentar o telejornal matutino, direto de Brasília. Mas depois de passar um mês acordando às 4h, recusou o convite. "Eu tinha filhos pequenos. De manhã eu era 20 por cento de mim", argumenta. Também teve chance de ir para o Rio de Janeiro, mas não quis sair de Brasília. Um ano depois, saiu da Globo, e continuou com o jornalismo político em emissoras como a Manchete, a Record e a TV Senado.

A produção local de telejornais já teve até um produto destinado para crianças. Era o "Globinho", que no Rio de Janeiro era apresentado por Paula Saldanha. Aqui em Brasília, a apresentadora Carmem Lúcia foi a titular durante algum tempo, com reportagens locais editadas por Graça Amorim. "Era um telejornal mais descontraído", diz Carmem, que trabalhou na Globo Brasília de 1978 a 1989. Ela apresentou as duas edições do DFTV e lembra que foi orientada a nunca fazer comentários durante o telejornal. "O que tem importância é a notícia, ninguém quer saber o que você pensa", ela ouviu logo que começou na apresentação.

A popularidade lhe causou alguns embaraços. Como uma noite em uma pizzaria da cidade, na qual o telespectador da mesa vizinha insistiu em apontar um erro que ela havia cometido. Quando saiu da emissora, também sentiu dificuldade de se recolocar no mercado. "Me disseram que eu tinha a cara da Globo". Depois de uma passagem pela Rede Manchete, Carmem Lúcia trocou a TV pelo rádio: hoje em dia se divide entre a Nacional FM e a Rádio Câmara. As lembranças da carreira televisiva misturam as dificuldades técnicas – "no início a gente treinava o tempo do jornal com um cronômetro" – e "micos", como a mosca no estúdio e lâmpada que estourou durante a apresentação do telejornal. Ossos do ofício "ao vivo".

No tempo do filme

Repousa em uma sala do shopping center Venâncio 2000, de maneira improvisada, sem a climatização adequada, um dos maiores acervos dos primeiros anos do telejornalismo brasiliense. É o arquivo do cinegrafista italiano Dino Cazzola, que aos 16 anos desembarcou no Rio de Janeiro e em 1958 veio para o Planalto Central. São mais de 100 horas de filmes – segundo o filho dele, Júlio, dois terços do material já não têm chance de recuperação. "Oitenta por cento são imagens únicas, a idéia era digitalizar tudo", diz Júlio, que já tentou, sem sucesso, patrocínio (estatal e privado) para a empreitada.

Os rolos de filme guardam parte da História de Brasília. São imagens da construção, do dia-a-dia da cidade, de solenidades, de autoridades e de visitas de presidentes estrangeiros. Boa parte são filmes mudos – nos anos 60, nos telejornais, o locutor falava enquanto as imagens iam sendo exibidas. O filme sonoro só apareceu no final da década e o videoteipe só se consolidou em meados dos anos 70, quando Dino parou de filmar. Além do acervo, o italiano tinha um laboratório para revelar o material. "Ele revelava o filme em 10 minutos. Fazia um negativo e um positivo", explica o filho.

Parte do material foi reunida em documentários. Alguns deles têm destino ignorado pela família Cazzola. Da época da ditadura militar, por exemplo, há imagens de confusões nas ruas e da invasão da Universidade de Brasília, em 1968. "Ele sempre ia atrás da notícia", conta Júlio. Dino adorava Brasília – a catedral era o monumento preferido dele, que imitou em casa os vitrais de Mariane Peretti – e morreu aqui, em 1998, aos 69 anos.

Um dos aprendizes de Dino Cazzola, pioneiro como ele, chegou a Brasília em 1959. Mas o encontro de Paulo Guerra com o italiano só se deu sete anos depois. "Ele me chamou para atender telefone na produtora. Depois fui aprendendo a copiar e revelar filmes", lembra o baiano. Também conheceu os segredos da iluminação. Dois anos depois, já era cinegrafista.

Paulo se lembra direitinho do sufoco da época do filme. “O Dino filmava para o jornal da TV Tupi de São Paulo até as 15h. Corria para revelar o filme, que era secado dentro de uma Kombi, a caminho do aeroporto. A gente enrolava dentro da lata e pedia a um passageiro que levasse o filme a São Paulo. Por telefone, a gente descrevia o passageiro e lá em São Paulo eles pegavam o filme”.

Cinegrafista da Globo Brasília a partir de 1974, Paulo Guerra testemunhou a passagem do filme para o videoteipe. O primeiro equipamento era o VR 3000. “Precisava de seis pessoas para operar”, lembra. As fitas de rolo tinham duas polegadas. Mas o xodó dele eram as entradas ao vivo, que exigiam uma operação muito mais complicada do que é hoje em dia. Mesmo assim, depois de uma seca no Nordeste, a Globo fez uma campanha de arrecadação de donativos – fechou o estacionamento do Conjunto Nacional e a equipe de reportagem entrou 28 vezes ao vivo em um só dia. Paulo ficou na Globo até 1991, depois passou pela CNT, Band e TV Senado antes da aposentadoria.

Tecnologia precária também fez parte dos primeiros anos de trabalho do operador de câmera José Francisco Alves, conhecido pelos colegas como Zé do Boi. Aos 18 anos foi contratado pela TV Brasília, para lidar com câmeras RCA em preto-e-branco. “Ao invés do *zoom* (lente que aproxima a imagem), a gente tinha uma torre de lentes”, fala ele, que foi também cinegrafista, diretor de TV, operador de áudio e vídeo. A partir de 1974, foi contratado pela Globo Brasília, onde trabalhou por 33 anos. “A maior dificuldade era o alinhamento da câmera em preto-e-branco. Hoje você aperta um botão e o equipamento faz tudo sozinho”, compara. Antes do *botão*, o alívio chegou com as câmeras em cor, mais fáceis de operar.

Na pré-história da televisão brasiliense, o ambiente também não colaborava: os estúdios eram pequenos, sem ar condicionado e a luz era aquente. “O cenário do telejornal era uma tábua e uma *tintinha*", afirma. Zé do Boi, que trabalha hoje em dia na TV Câmara, driblou as dificuldades e diz que adora a profissão. E já tem herdeiros: um filho é cinegrafista, o outro percorre a cidade montando os *links* para entradas ao vivo, uma filha é jornalista e a outra, apesar de cursar Letras, se interessa por edição de imagens.

O iluminador Geraldo Vieira da Silva também não tem boas lembranças do ambiente dos primeiros estúdios. Quando o da Globo Brasília era no anexo da Torre de TV, jornalistas e técnicos sofriam. "Não tinha ar condicionado e os refletores eram grandes e antigos. No mês de agosto, com a umidade baixa, a gente abria a porta do estúdio nos intervalos do jornal. Era um alívio", conta, rindo. "O locutor ficava com a camisa ensopada".

Os créditos (nomes dos apresentadores e entrevistados) eram feitos com papel cartão e muitas vezes, eram retocados com o jornal no ar. O diretor de TV usava um cronômetro, para sincronizar o tempo de leitura da *cabeça* (abertura da matéria) com o tempo da reportagem ainda feita em filme. As câmeras de estúdio eram pesadíssimas e os tripés ocupavam muito espaço no estúdio. A transmissão via Embratel – hoje em dia, TV via satélite é a coisa mais comum do mundo – dependia das condições climáticas. Foi contando com a dedicação dos técnicos e da capacidade de improvisação dos jornalistas, portanto, que os noticiários se consolidaram como a grande referência da Brasília-cidade na TV brasiliense.

Foto: Geraldo Magela/CB/D.A.Press

O apresentador Celso Di Marco na época do "Brasília Urgente"

Segue Brasília Urgente!

O sinal para as emissoras afiliadas da Rede Tupi era claro: o conglomerado ia mal das pernas. Uma das soluções para as TVs locais era aumentar a produção, para depender menos da rede. Na TV Brasília, pensou-se em esticar o jornal da hora do almoço ou antecipar a programação infantil da tarde. Mas a onda de programas populares de prestação de serviços já tinha dado seus primeiros frutos – como "O Povo na TV", da TVS (atual SBT) – e em agosto de 1980, menos de um mês depois da falência da Tupi, nasceu o "Brasília Urgente".

Quase todos os apresentadores – Álvaro Costa, Celso di Marco, Rose Mary Góes, Ralph Siqueira, Roberto Cavalcanti – vinham do rádio. Em alguns períodos, chegaram a ficar três horas e meia no ar. Cada apresentador ocupava um dos quatro cantos do estúdio. "O programa era uma colcha de retalhos", admite Celso. "Tinha quadro para arrumar empregos, tínhamos parceria com o Ceub para levar advogados e dar orientação à população", lembra ele, que revela: o repórter policial Mário Eugênio, do "Correio Braziliense", foi convidado, mas não quis participar do grupo. Roberto Cavalcanti, apelidado de "Perdigueiro", era quem cuidava das notícias policiais do programa. Mário Eugênio foi assassinado em 1984.

O auditório ficava cheio de gente querendo fazer pedidos ou denúncias. O órgão público ou a empresa citada tinha direito de resposta também ao vivo. As filas de gente interessada em pedir ajuda davam voltas no antigo prédio da emissora, no Setor de Rádio e TV Sul. Não raras eram as vezes que o programa era acusado de sensacionalista e de explorar a miséria da população em troca de audiência.

A frase utilizada pelos apresentadores para "chamar" os comerciais virou um bordão conhecido na cidade: "Segue Brasília Urgente". Celso di Marco sentiu a popularidade do programa nas ruas. "As pessoas vinham conversar, nos tratavam com intimidade e faziam muitas denúncias", se recorda. Ele se emociona ao lembrar-se das homenagens feitas em Unaí e Formosa. Ou do atleta paraolímpico que, anos depois, agradeceu, no ar, ter recebido ali a primeira cadeira de rodas.

Ralph Siqueira, chefe de jornalismo da TV Brasília à época e ex-correspondente da Rede Tupi na capital, ficou encarregado dos assuntos de política e economia. Ele lembra que quando estourou a Guerra das Malvinas, entre Argentina e Inglaterra, pediu uma entrevista sobre o assunto com o presidente João Batista Figueiredo. Foi permitida uma conversa em *off* (quando o jornalista não pode revelar a fonte das informações), mas a câmera foi ligada sem que o presidente percebesse. A entrevista foi a ar e Ralph teve que dar explicações à Presidência da República.

Outra história curiosa sobre o programa quem conta é o ator e diretor de teatro João Antonio. O "Brasília Urgente" também tinha espaço para a divulgação cultural e João levou a bailarina Graziela Rodrigues, prestes a estrear o espetáculo "Graça Bailarina de Jesus". Uma fila de candidatas ao emprego de doméstica deu aos dois a idéia de uma improvisação. Combinaram com a produção um telefonema, em que alguém acusava uma doméstica de ter roubado um sapato de ponta (usado por bailarinas) e dava a descrição física de Graziela. Foi o suficiente para que Perdigueiro a reconhecesse – e antes que um escândalo abalasse o estúdio da TV Brasília, João Antonio interveio e explicou a *performance*.

Trinta anos depois da estréia, os apresentadores ainda são lembrados pela condução do programa. Álvaro Costa tentou se candidatar ao Senado pelo DF, mas não foi bem sucedido. Já Rose Mary Góes cumpriu um mandato como deputado distrital, alavancado pela popularidade do programa. Nos anos 90, a produção ainda passou pela TV Bandeirantes, mas sem a mesma repercussão da primeira versão. Para toda uma geração, no entanto, ficou a lembrança de receitas médicas em close e muito choro convulsivo em situações prá lá de desesperadoras.

Logotipo

Cyro Del Nero já era um cenógrafo conhecido quando foi convidado para fazer o primeiro logotipo da TV Brasília. No início da década de 60, Brasília, para ele, era apenas uma idéia vaga. Por isso, o artista fez questão de vir conhecer a capital. "Fiquei surpreso, havia uma modernidade, uma energia muito grande", relembra. Essa modernidade, segundo ele, incluía o fato de que, tão rapidamente, uma emissora de televisão estava se instalando na cidade recém-inaugurada. "Fiz o logotipo com entusiasmo, era uma honra", orgulha-se Cyro. Ele explica que usou elementos de uma estrela e de um raio para concretizar, no logotipo, o brilho de Brasília. E guardou a experiência como um trabalho gratificante.

Foto: Arquivo Pessoal/Darlan Rosa

O jovem Darlan Rosa desenha ao vivo na TV Brasília

Antes da Xuxa

Tão logo a televisão foi inaugurada em Brasília, um público específico tornou-se o alvo dos produtores: as crianças. Programas infantis fazem parte da história da telinha brasiliense desde o início. Abusando da criatividade para compensar a falta de recursos técnicos, eles conquistaram a criançada, que até hoje se lembra das brincadeiras vistas na TV.

Os programas quase sempre previam a participação das crianças. O médico Carlos Frattini se lembra da época em que fazia o Jardim da Infância, e foi convidado para apresentar uma brincadeira de roda no canal 6 (TV Brasília). Também se recorda de um programa da TV Nacional, em 1966, chamado "Brincando de Teatro", apresentado por uma professora de teatro da Escola Parque, chamada Dona Ivany. "Eu, meus irmãos e os amigos da quadra fomos várias vezes participar", diz ele. Dona Ivany contava as histórias e, em seguida, os meninos encenavam, muitas vezes usando máscaras de cartolina. Em outro programa, Carlos concorreu em uma gincana e, junto com a irmã, levou um tucano vivo de estimação até os estúdios da TV Brasília.

Da união entre a atriz Silvia Orthoff, o ator Murilo Eckhardt e a dona de casa Golda Pietricovsky de Oliveira nasceu o "Teatro Candanguinho", programa semanal exibido primeiramente pela TV Brasília e depois, pela TV Nacional. Golda, admiradora de teatro desde os anos 50, quando morava em São Paulo, aceitou o desafio de participar de um teatro de fantoches mesmo sem experiência anterior. Silvia escrevia os textos e todos manipulavam os bonecos. "A cabeça dos bonecos era feita de Modess (**absorvente feminino**)", lembra Golda, sorrindo.

Até 100 crianças ocupavam as arquibancadas todas as semanas. Um dos personagens mais populares era o Zé Candanguinho, uma espécie de narrador, que depois comentava as histórias com o público. A Bruxa Fedegosa feita por Murilo Eckhardt também fazia muito sucesso. Os pais costumavam "encomendar" temas, como o da menina que não queria comer legumes ou o menino que tinha dificuldades com Aritmética. Golda se lembra até hoje de uma particularidade: mesmo quando os atores saíam detrás do cenário com o boneco na mão, as crianças ainda falavam diretamente com o boneco.

Outra mostra do envolvimento da platéia aconteceu na encenação de "A Megera Domada", de Shakespeare. Em uma cena, o marido batia na mulher. Imediamente, uma criança se pronunciou, bem alto. "O meu pai não bate na minha mãe!". Para os meninos, era uma diversão, "E para os pais, uma hora semanal de sossego", diverte-se Golda. A convivência com o Teatro Candanguinho rendeu à família Pietricovsky o surgimento de uma vocação: uma das filhas de Golda, Iara, tornou-se atriz reconhecida na cidade.

A parceria do mineiro Darlan Rosa com a televisão começou em 1965, na TV Triângulo, em Uberlândia. O programa "Encontro com a Titia" tinha rádio teatro e um quadro no qual o artista plástico contava histórias e desenhava com as duas mãos. Muitas vezes, as crianças escreviam sugerindo o tema. Quando veio para Brasília, dois anos depois, para estudar Artes, o rapazinho tímido tomou coragem e bateu na porta da TV Brasília. Em pouco tempo, virou uma celebridade.

O começo na TV brasiliense foi escondido, no Departamento de Arte. O rapaz gaguejava muito no programa de Uberlândia e jurou nunca mais fazer televisão. Mas rapidamente esqueceu a promessa: substituiu uma professora e logo estava comandando o "Carrossel", de segunda a sexta, das 14h às 16h. As aparições de Darlan eram intercaladas com desenhos animados. Durante o ano letivo, de 20 a 30 crianças se espremiam no estúdio, sentadas no chão. Nas férias, o programa se mudava para o auditório da emissora.

Logo ele virou Titio Darlan, o homem que construía pipas, fazia teatro, promovia concursos de fotografias de bebê (a âncora do "Jornal da Record", a brasiliense Ana Paula Padrão, foi uma das premiadas), apresentações de academias. Outras crianças que participaram do programa e depois ficaram conhecidas foram o artista plástico Omar Franco e a atriz Françoise Forton. Meninos e meninos acompanhavam tudo atentos, desde a abertura tradicional, com a frase "Meus amiguinhos...". Como o programa era "ao vivo", as falhas aconteciam. Uma vez os desenhos animados não chegaram e, na improvisação, Titio Darlan mostrou os bastidores da televisão.

O sucesso veio a galope. Titio Darlan tinha dificuldades de andar nas ruas de Brasília. Para ir ao cinema, preferia viajar até Uberlândia. "Eu era como o Michael Jackson, o cara da televisão naquela época era um mito", relembra com bom humor. Uma vez perdeu a carteira e quando ligou para a sede da TV Brasília para avisar, dinheiro e documentos já tinham sido devolvidos. Ele aproveitava a fama para fazer campanhas para que as crianças dormissem, no máximo, às 8 da noite. O programa durou até 1971, mas até hoje tem quem se lembre do mundo mágico de Titio Darlan.

Mais de 10 anos depois do fim da primeira versão do "Carrossel", a TV Nacional apresentou "Zing Ling", que queria conquistar as crianças do início da década de 80 falando de astronomia e de meio ambiente. O sindicalista José Zunga fazia teatro amador. Era vizinho de Lu Macedo, a responsável pelo roteiro e do músico Zelito Passos, que cuidava da trilha sonora. Todos também atuavam em frente às câmeras: Zunga era o palhaço Cósmico, que usava roupa de astronauta, tinha uma voz esganiçada, trocava letras e cantava errado as músicas. Lu era uma fada. Zelito era o asiático Funzilitum, um sábio que tocava violão e falava do Oriente.

Recebiam até 300 cartas por semanas, de telespectadores de Brasília e das cidades que tinham retransmissoras da TV Nacional (principalmente no Mato Grosso e no Amazonas). Sorteavam brindes, eram convidados para festas de aniversário e fizeram animação em uma churrascaria que ficava na Torre de TV. "O programa tinha uma linha educativa e durava 50 minutos", lembra Zelito. "Fomos convidados até para uma festa da prefeitura de Luziânia", ressalta Zunga. De um pequeno estúdio atrás da Torre, eles foram para o auditório da TV Nacional e, posteriormente, para um espaço no Parkshopping. Foram dois anos divertindo as crianças, em uma época em que competiam com a Turma do Balão Mágico da Rede Globo e o palhaço Bozo do SBT.

Trenzinho

No fim dos anos 60, o programa de Titio Darlan promoveu uma estratégia de merchandising incomum para a época. Os refrigerantes Crush queriam divulgar um lançamento. Durante as férias escolares, a fábrica patrocinava um trenzinho que percorria as superquadras do Plano Piloto procurando crianças interessadas em assistir o programa. O bilhete para a viagem de trem era uma senha distribuída anteriormente. "As crianças faziam filas imensas", lembra Darlan Rosa.

Foto: Arquivo Pessoal/Adriana Valladares

A turma da segunda versão do "Carrossel"

Fenômeno de popularidade

Para uma geração inteira, que era criança ou adolescente no início dos anos 80, nomes como Carranquinha, Purpurina e Zé Gatão ainda soam familiares. São alguns dos personagens da segunda versão do programa infantil "Carrossel", apresentado pela TV Brasília a partir de 1981 e que se tornou uma das produções locais com maior audiência de todos os tempos. Teatro, literatura e muitas brincadeiras atraíam as crianças e a fama ultrapassou os limites do Distrito Federal.

O convite do presidente dos Diários Associados na época, Edilson Cid Varela, foi feito à psicóloga Silvia Valladares: montar um programa infantil para a programação da tarde. Ela recrutou profissionais como os escritores Guido Heleno e Jô Oliveira para os bastidores, e as filhas Adriana e Clarissa para o elenco. Quando estreou, o "Carrossel" era feito em um estúdio pequeno, e durava quatro horas. O sucesso provocou a transferência para o auditório da emissora e a produção passou a ter uma hora e meia – ao vivo.

Para entreter as crianças, a turma era grande: os palhaços Cacareco, Lingüiça, Pipoca e Feliz a boneca Carranquinha (Adriana), a fada Purpurina (Clarissa), a bruxa Danadinha, a fada Estrela Azul, o arlequim Folia, a dupla Zé Gatão e Espertinho (o rato) e a Gatinha Mimosa, entre outros. As escolas disputavam o direito de levar os alunos para o auditório. O elenco era tratado como estrelas: em uma viagem a Goiânia – conta Adriana Valladares – uma multidão estava na porta do hotel e a Carranquinha levou muito puxão nas tranças. "Mesmo sem maquiagem, as pessoas nos reconheciam". Eram muito shows nos fins de semana: quem tiver curiosidade, basta colocar o nome do programa no You Tube para ver cenas, filmadas em Super-8, de uma festa de Natal na Torre de TV que atraiu cerca de 50 mil pessoas.

As lembranças do elenco são as melhores possíveis. A escritora Stella Maris, que foi a Fada Estrela Azul, contava histórias tanto da literatura infanto-juvenil brasileira quanto da tradição popular. Uma câmera mostrava as ilustrações do livro e a outra mostrava a atriz contando a história. "Pude exercitar a capacidade de emocionar e encantar, fundamental para a minha carreira de escritora", relembra ela quase 30 anos depois. Ela se orgulha de sua personagem ter incentivado o gosto pela leitura, já que os livros das histórias lidas no programa eram bastante procurados nas livrarias. Além de ser a Fada Estrela Azul, Stella também foi roteirista do programa, criando personagens, músicas e brincadeiras.

As crianças não estavam somente na platéia do auditório. Durante algum tempo, o programa teve repórteres-mirins. Tania Curi, atualmente supervisora pedagógica de uma escola no Guará, passou por esta experiência. Fez reportagens no Zoológico, no Parque da Cidade e em circos. E entrevistou personalidades como o cantor Moacyr Franco e o cacique Mario Juruna. Uma vez por semana, apresentava um jornalzinho dentro do programa e, eventualmente, participava dos shows. "Na escola todo mundo ficava me chamando de *cacareca* (**alusão ao palhaço do programa**). Eu estudava pela manhã e fazia as reportagens à tarde", diz Tania. Catequista na igreja, ganhou vários afilhados. Os vizinhos também a reconheciam. "Mas eu não estava preparada para a popularidade e não quis seguir a profissão". Dos dois anos e meio de aventuras na TV, guarda fotos, recortes de jornais e o Super-8 feito pelo pai na festa da Torre.

A segunda versão do "Carrossel" saiu do ar em 1987. Antes, a turma gravou um LP, que hoje virou artigo de colecionador. Em 2008, o programa foi homenageado pela escola de Samba Aruc. No site de relacionamentos Orkut, há uma comunidade intitulada "Eu assistia a Carranquinha". A rede mundial de computadores traz pequenos depoimentos de quem tem saudades do "Carrossel". "Enchia o saco da minha mãe para me levar ao teatro onde era gravado o programa", relata Janaína Bezerra, mãe de duas filhas. "Nunca vou me esquecer quando a minha mãe me levou para assistir ao "Carrossel". Tinha uns quatro anos. Fiquei maravilhada com aqueles personagens que conhecia da televisão. Eles estavam ali tão pertinho, tão reais", escreveu Rejane Santos, jornalista.

Os relatos na internet atestam a popularidade do programa. "Me lembro de um carnaval que fui de trancinhas e um coração pintado com batom na bochecha", deixou registrado Gabriela Marques, professora de inglês. A apresentadora Adriana Valladares, hoje produtora da feira BSB Mix, de vez em quando ainda tropeça com um marmanjo que, sem a menor cerimônia, diz se lembrar da boneca de trancinhas e um coração pintado na bochecha que foi ídolo de toda uma geração.

Incógnitos

Um dos atores que participaram do programa "Carrossel" ficou famoso depois nos teatros da cidade. Aloísio Batata foi o palhaço Pipoca durante algum tempo no infantil da TV Brasília. Saiu de lá direto para os palcos, em montagens com diretores como Fernando Villar.Morreu precocemente poucos anos depois. Entre as crianças que participavam de competições no programa, um futuro ator, conhecido por integrar o grupo Os Melhores do Mundo, ganhou uma bicicleta como prêmio pela fantasia do marinheiro Popeye em um concurso de fantasias. O nome dele? Ricardo Pipo, irmão de uma das repórteres-mirins do programa, Tania Curi.

Foto: Arquivo Pessoal/Marcus Vinicius Bucar

Marcus Vinicius Bucar no comando do “Quem Sabe, Viaja”

O Sonho de ir à Disney

Na década de 70, estudantes de Brasília tinham um compromisso agendado para o início da tarde de sábado. Era hora de sonhar com uma viagem à Disneyworld, um desejo muito mais difícil de ser realizado naquela época. Ao vivo, pela TV Brasília, alguns alunos estavam mais perto deste sonho: participavam do programa "Quem Sabe, Viaja" respondendo perguntas sobre História e Conhecimentos Gerais. Duas vezes por ano, o prêmio era justamente um passeio pela terra do Mickey.

O primeiro programa foi ao ar em março de 1972. O publicitário Marcus Vinicius Bucar Nunes tinha acabado de chegar pela segunda vez a Brasília, como diretor de uma empresa de turismo. Promovia a viagem de grupos para Disney. E achou que a televisão era um bom meio de alavancar os negócios. A competição entre os colégios da cidade teve participantes que depois se tornariam personalidades ilustres, como os cantores Oswaldo Montenegro e Herbert Vianna (Paralamas do Sucesso).

Quem tivesse mais agilidade e apertasse o botão primeiro tinha mais chance de chegar às finais. O nome do acertador de cada resposta acendia em um painel colorido. A cada semestre, eram três equipes com dois competidores em cada uma. Os jurados eram os professores dos colégios. As torcidas compareciam em peso. O quadro "Ajuda de Casa" era uma espécie de precursor dos "universitários" do "Show do Milhão" do Silvio Santos: por telefone, os telespectadores podiam interferir em até três respostas. Em alguns sábados, a mesa telefônica da emissora quase não agüentava tantas ligações. Para animar mais ainda o programa, o apresentador ia aos colégios durante a semana – "com uma câmera Auricom enorme, ainda em negativo" – e entrevistava os alunos. Resultado: audiência garantida nas ruas e nas escolas, e muitos anunciantes querendo preencher os intervalos comerciais.

Nas datas comemorativas, o programa aproveitava para exercitar a solidariedade: no Dia da Criança, recolhia brinquedos; no inverno de julho, recebia agasalhos para distribuir à população carente. Freqüentemente, Marcus Vinícius se valia da ligação que tinha com o futebol e levava jogadores famosos para serem entrevistados pelas crianças: Pelé, Rivelino e Gerson, campeões do mundo em 1970, foram alguns dos que passaram pelas sabatinas.

Muitas vezes, as respostas dos candidatos geravam discussões entre os professores. Quando havia empate entre dois colégios, então, a polêmica se instalava. Muitos pais ligavam para a emissora dando sua opinião. Além de estarem afiados nas matérias, os estudantes também tinham que ler jornais e ver televisão, para responder ao quadro "Perguntas da Semana".

Cada equipe tinha, de preferência, um casal. Depois de 10 anos de programa, Marcus Vinícius já sabia traçar o perfil dos candidatos. "As meninas davam mais detalhes, tinham respostas mais completas", conta ele, que se orgulha de ter realizado o sonho de muita gente.

Sob o signo do improviso

Quem vê a facilidade com que se transmitem jogos de futebol por todo o Distrito Federal hoje em dia não imagina como sofreram os pioneiros da cobertura esportiva na televisão de Brasília. Equipamentos pesados iam a campo, a tecnologia de transmissão ao vivo ainda engatinhava. Mesmo assim, o fim de semana sempre tinha atrações locais – do tradicional futebol de campo até o automobilismo e o pólo aquático.

No início dos anos 70, o publicitário Alexandre Silva era um garoto que se destacava nos times "dente-de-leite" da cidade. Fazia parte da equipe do DFL (a CEB da época) e jogava em todas as cidades-satélites. As partidas eram nas manhãs dos fins de semana. "À tarde, a gente assistia ao videoteipe em casa", lembra Alex. Ao passar a integrar a Seleção de Brasília, ele começou a viajar por estados como o Rio de Janeiro, São Paulo, Goiás e Rio Grande do Norte. "Antes de ir para o aeroporto, a gente ia na TV Brasília", rememora o ex-atleta juvenil. Os pais deixavam os garotos na sede da emissora e de lá eles seguiam de ônibus para a Base Aérea, para pegar o avião da Força Aérea Brasileira (FAB).

Vários jogos do campeonato brasiliense juvenil eram gravados pela TV Brasília. Os jogadores ficavam torcendo para que o do time deles fosse o escolhido para a transmissão da tarde. Alex enumera os companheiros de geração "dente-de-leite": Paulo Vitor, Junior Brasília, Boró (Marco Antonio), Moreirinha. E se lembra da popularidade que todos tinham por causa da transmissão dos jogos pela TV. "Eu era o rei do Caseb **(colégio público pioneiro, que fica na W-5 Sul)**. Até hoje tem gente que se lembra que eu jogava na Seleção", diz o publicitário.

Boas lembranças também tem o corretor de seguros Carlos Antunes de Almeida Neto, que antes de chegar a Brasília, em 1972, já tinha experiência como locutor em Porto Alegre, fazendo comerciais. Em Brasília, foi para o serviço público, mas surgiu a oportunidade também de integrar a equipe da Rádio Capital. Antunes cuidava da parte de esportes de um programa de notícias: fazia reportagens de campo. No final da década, experimentou a narração dos jogos nos estádios.

Do rádio para a televisão. Na TV Capital, trabalhava em um programa diário de esportes, "que concorria com o Jornal Nacional". Certa vez, descobriu que o atleta João do Pulo treinava na UnB e o convenceu a entrar ao vivo no programa. Quinze dias depois, houve o acidente que tirou João do Pulo das competições. Aos domingos, às 21h, foi criado o "Bate Bola", que fazia o resumo do campeonato candango e um apanhado dos principais campeonatos estaduais pelo Brasil.

A equipe não desanimava com a precariedade tecnológica. O estúdio ficava anexo à Torre de TV. "Era do tamanho de uma sala, mas tínhamos duas ou três câmeras", relembra Antunes, que cobriu provas de automobilismo, motociclismo, tênis, vôlei, pólo aquático, futebol amador e natação. Mesmo no futebol profissional, havia muita improvisação. "A gente recebia as imagens dos jogos e os repórteres 'de campo' na verdade ficavam no estúdio", revela. No campeonato brasiliense, a transmissão tinha uma ou duas câmeras. Terminado o jogo, restavam poucos minutos para que o repórter descesse ao gramado do estádio e segurasse o jogador para fazer a entrevista. O corretor de seguros cita outros craques da cobertura esportiva local da época, como Nilson Nelson e Luiz Augusto Mendonça. "Hoje não tem mais essa cobertura", reclama Carlos Antunes.

O publicitário Marcus Vinícius Bucar Nunes também se envolveu com a programação esportiva da TV Brasília. De 1977 a 1980, comandou o "Tempo para o Esporte", às segundas-feiras. Era uma mesa-redonda, programa gravado, que contava, segundo ele, com "jogadores amigos" entre os entrevistados. A emissora também cobria os campeonatos estaduais e nacionais, mesmo que muitos achassem que a transmissão dos jogos de fora atrapalhava o futebol local.

E novamente, outro improviso para encobrir as dificuldades dos "repórteres de campo". O comentarista Jorge Martins mandava as perguntas por telefone, para a cidade onde estivesse acontecendo o jogo. O repórter Marcus Vinícius estava no estádio e gravava as respostas. E tudo parecia "ao vivo". Parecia. Em uma final de campeonato carioca (Flamengo x Fluminense), Marcus Vinícius "pulou" a primeira pergunta e, a partir daí, perguntas e respostas não coincidiram mais. A gozação dos amigos e dos telespectadores durou algumas semanas.

Foto: Arquivo Pessoal/Luiz Otávio Barreto

Ileana apresenta ao vivo o programa “Dimensão”

Microfones a postos

Com exceção dos poucos minutos das agendas culturais dos telejornais, a música feita em Brasília praticamente não tem espaço na televisão. Situação diametralmente oposta ao início da TV na cidade. Ainda sem o recurso do videoteipe, os dirigentes das emissoras viam nos programas musicais uma chance de preencher a grade de programação com qualidade. Com um tempero extra – a efervescência musical dos anos 60.

Um dos pioneiros dos programas musicais chegou a Brasília em 1958. Jeziel Mota já tinha participado de programas de calouros no Rio de Janeiro desde a juventude. A mãe, enfermeira, veio trabalhar no Ministério da Saúde. Na mesma quadra em que se instalaram, moravam os funcionários que estavam pondo em funcionamento a Rádio Nacional. Jeziel foi cantar lá – mas disseram que o seu nome "não era comercial". O norte-americano Harry Belafonte fazia sucesso explorando o calypso, ritmo caribenho. Para agradar o gosto da época, Jeziel Mota virou Harry Jones.

Jones (ou Mota) cantava em inglês, francês, italiano e espanhol. Por isso, foi chamado pela direção da TV Nacional, em fase de instalação, para fazer um programa musical, que incluía dublagens. "Eles Cantam Assim" era estrelado por Harry Jones e seu conjunto e ia ao ar aos sábados, às 19h30. "Na TV, no início, era só dublagem, não tinha muito recurso. Às vezes, a gente gravava o playback num disco de acetato de 45 milímetros", conta ele, que se acostumou a dublar os cantores famosos da época. O programa durou até 1965.

Harry Jones se transferiu no ano seguinte para a TV Brasília, onde recebeu convidados como Jerry Adriani e Wanderley Cardoso – a Jovem Guarda era o ritmo do momento. Disputava audiência – e muitas vezes ganhava – do musical "Times Square", da TV Rio (retransmitida aqui pela TV Alvorada). Chegou a trabalhar na TV Alvorada, sob o comando de Carlos Imperial, na "Sabatina da Brotolândia" (outra influência da Jovem Guarda). E ficou conhecido na cidade: recebia cartas, participava de concursos de miss. "Tinha um público de 5 a 50 anos", diz ele, que resolveu dividir a carreira musical com o Direito e hoje, além de atuar nas áreas civil e criminal, está na Ordem dos Músicos do Brasil.

Também músico desde criança – e também advogado atualmente – Luiz Otávio de Barros Barreto era bom na bateria. Também trocou o Rio por Brasília no início dos anos 60, acompanhando os irmãos. Logo montou um grupo chamado Missão. O pianista, Paulo Machado de Barros, era o líder. Luiz Otávio naquela época era o Beco. O grupo tinha quatro cantores: José Sebastião Barreto de Macedo, o Tião, que depois iria fazer parte do conjunto de baile Squema Seis; Gloria Maria, Lena e um iniciante, Ney de Souza Pereira, que o Brasil inteiro conhece hoje como Ney Matogrosso. "A gente já via a diferença na voz, na interpretação dele", conta o ex-baterista.

Tocavam na casa de amigos e fizeram um show no Auditório Dois Candangos, da UnB. Foi daí que surgiu a idéia de fazer um programa de televisão. "A TV Brasília nos deu um voto de confiança", diz Luiz Otávio. De 1964 a 1966 o programa "Dimensão" foi exibido em vários dias e horários. As vinhetas foram feitos por alunos da universidade. A iluminação ficava a cargo de funcionários da CEB. Recebiam cantores como Luis Carlos Sá (futuramente membro da dupla Sá e Guarabira) e Marlui Miranda. Mas, na maior parte do programa, era o grupo que ocupava os microfones.

Alguns programas tinham temas específicos. Um foi dedicado à obra de Dorival Caymmi e o cenário tinha redes de pesca. A pouca tecnologia era bem utilizada: a iluminação, por vezes, só focava o rosto de quem estava cantando. Mas, em algumas situações, o grupo era "traído" pela tecnologia. Uma vez gravaram três músicas seguidas, mas deixaram de apertar um botão e tiveram que repetir tudo. Com o sucesso do "Dimensão", ficaram conhecidos na cidade – no início, tinham que avisar aos amigos e familiares; depois, o público os encontrava na rua e dava idéias para o repertório. O regime militar, no entanto, obrigou alguns músicos a saírem de Brasília. E o programa acabou.

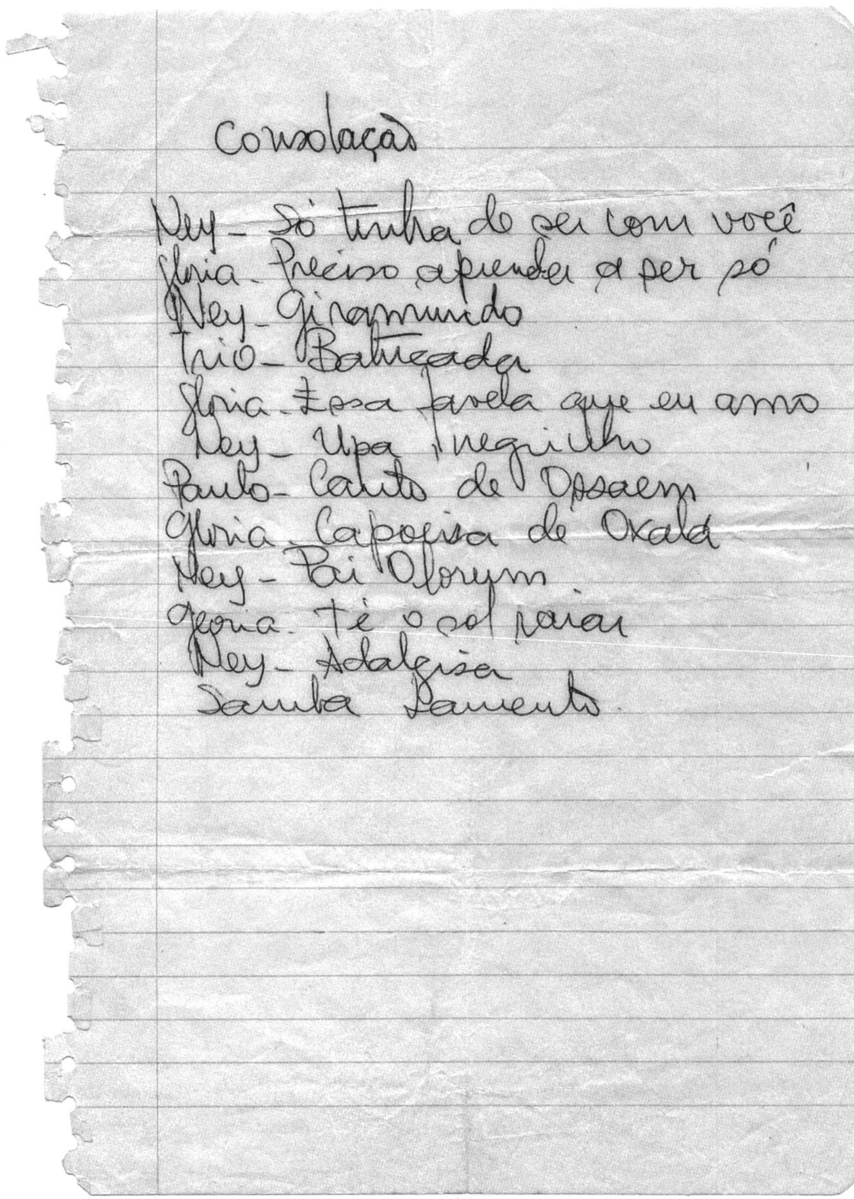

Consolação

Ney – Só tinha de ser com você
Gloria – Preciso aprender a ser só
Ney – Giramundo
Trio – Batucada
Gloria – Essa favela que eu amo
Ney – Upa Neguinho
Paulo – Canto de Ossanha
Gloria – Capoeira de Oxalá
Ney – Pai Olorum
Gloria – Tê o sol raiar
Ney – Adalgisa
Samba Lamento

Manuscrito: Arquivo Pessoal/Luiz Otávio Barreto

Roteiro improvisado do programa "Dimensão", com os nomes dos cantores e das músicas do dia

Pouco depois desta época, uma pré-adolescente que respirava música dentro de casa resolveu se arriscar. Angela chamou duas amigas, Helena e Deise, para cantar em um programa infantil de auditório. Ensaiou a música "Era um garoto que como eu amava os Beatles e os Rolling Stones", mas, na hora H, "amarelou". As amigas foram sozinhas para o palco e ela ficou no auditório, escondida, morrendo de vergonha. Só aos 20 anos, se profissionalizou e passou a freqüentar o circuito dos programas que davam espaço para a música.

Angela Regina foi a convidada principal do programa "Espaço", da TV Nacional. Comemorou o Dia do Músico no programa de Célia Quintella, também na Nacional. Participou diversas vezes do "Roberto Ney na TV", quando recebeu um troféu que era uma mão de gesso. Depois de se apresentar muito ao vivo, nos bares da cidade, a televisão deu à cantora a oportunidade de se ver cantando. "Aí eu reparei como eu mexia com as mãos", diverte-se. Aprendeu a não ficar preocupada com o fato de cantar na televisão – "senão eu travava" – e a fazer com que a espontaneidade fosse maior do que o nervosismo. Com ou sem o playback.

A música na televisão brasiliense não tinha preconceitos. O ritmo caipira que Clayton Aguiar experimentou na Rádio Planalto, no programa "Músicas da Nossa Terra", no início da década de 80, foi transposto para a TV Capital, onde ele produziu "Ao Som da Viola", apresentado por Juarez Fernandes. Mas o produtor que já era músico também virou apresentador: o "Ao Som da Viola" foi para a TV Nacional e lá ficou de 1984 a 1990. Juarez só fez os dois primeiros anos, e Clayton assumiu a função. "Tínhamos seis patrocinadores", orgulha-se o mineiro que tinha vindo para Brasília adolescente, em busca da "terra da oportunidade".

Clayton passou novamente pela TV Capital e voltou para a TV Nacional. Trocou o estúdio pequeno, com duas câmeras, da Capital, pelo auditório de 300 lugares, quatro câmeras e equipe grande da Nacional. No aniversário do programa, um caminhão de externas era usado para gravações em fazendas. Outra parada foi na TV Bandeirantes, já nos anos 90, em esquema de produção independente, quando recebeu convidados do naipe de Skank e MPB-4 para as gravações no Teatro da Escola Parque. Teve experiências também em outras emissoras fora de Brasília.

A televisão, é claro, impulsionou a carreira musical, com 12 discos e uma atuação forte também no rádio. "O rádio tem penetração. A TV tem charme, um verniz a mais", afirma o cantor e compositor, que mesmo fora do vídeo há algum tempo, ainda é reconhecido pelos moradores de Brasília. "Com a TV, a gente vira personalidade", brinca.

Foto: Arquivo Pessoal/Clayton Aguiar

Clayton Aguiar no "Ao Som da Viola"

Preconceito

Na Brasília de 1963/64, 6 meninos com idades entre 8 e 9 anos, fãs dos Beatles, guardavam um pouco do tempo livre para ensaiar, em playback, algumas músicas dos ídolos britânicos. O inglês deles era "macarrônico", mas a vontade de se apresentar no programa do palhaço Cacareco, na TV Nacional, era mais forte. A mãe de dois deles era responsável pelos figurinos: calça preta comprida, blusa de manga comprida, colete com botões e gravata borboleta. Nos bastidores do programa ao vivo, o grupo esperava a vez de dublar os sucessos da época. Dos 6 meninos, só os dois negros, Alexandre e Arlindo, nunca se apresentavam. A explicação dos produtores: "Desculpa, mas os Beatles eram só quatro". Eles mesmos brincavam, dizendo que eram cortados porque não tinham franjinhas como os Beatles. Depois de muitas tentativas, desistiram.

Foto: Nicolau El-moor

Luciano Barroso, apresentador do "Geração Colorida"

Os donos do auditório

A herança do rádio brasiliense – principalmente das emissoras AM – na televisão não se restringiu aos apresentadores do "Brasília Urgente" da TV Brasília. Outras vozes tiveram a oportunidade de mostrar o rosto na telinha e conheceram uma popularidade inédita. Luciano Barroso, um dos locutores mais conhecidos da Rádio Nacional, tornou-se presença constante na TV a partir do início dos anos 80 e logo virou ídolo. "A televisão te expõe e você perde a privacidade", diz ele, que hoje flerta com a televisão na internet, tecnologia ainda em expansão.

O mineiro que entrou em 1972 – aos 15 anos – como auxiliar na Rádio Nacional e tornou-se apresentador de programas estreou na TV Nacional no início dos anos 80. Pinta de galã, com direito a topete e tudo, comandava o "Pop Show", um programa que exibia videoclipes. Procurou aproveitar as dicas que lhe davam: esquecer a câmera, ou melhor, conversar com ela, como se estivesse falando em casa. A desenvoltura dele rendeu um convite para apresentar um programa de auditório para jovens.

"Geração Colorida" era feito no Cine Teatro Nacional, no início da W-3 Sul, todo sábado, geralmente ao vivo. Mostrou bandas de Brasília como Finis Africae e Capital Inicial. Mas o apresentador reconhece que era meio contestador para a época, ainda de ditadura. "Dizia aos jovens:' Você é livre, pense'. Me deram férias e colocaram outro programa no lugar. Os militares tiraram o programa do ar", afirma. Há um registro no site You Tube, colaboração do músico Guilherme Lassance, que vale a pena ser acessado para se ter uma idéia do que era um programa local de auditório na década de 80. Luciano ainda participou, também na TV Nacional, do programa "Geração Brasília", que tinha gincana para a juventude e arrecadação de alimentos para pessoas carentes.

O radialista revela uma característica: "era da periferia", ou seja, tratava todo mundo de igual para igual. Um telespectador se assustou quando, um belo dia, encontrou o ídolo andando de ônibus: a fama era muita; o dinheiro, nem tanto. O sucesso no rádio e na TV rendeu comerciais e apresentação de bailes. Certa vez, em Paracatu, assustou-se com a multidão na porta do hotel e um Opala – um dos carros mais chiques da época – esperando por ele. "Eu tinha esquecido que fazia TV", diverte-se. Mais algumas experiências pontuais no vídeo, como repórter e apresentador de um programa rural, e ele se concentrou no rádio. Hoje em dia, brinca com a forma física de cinqüentão, e responde à possibilidade de uma eventual volta comparando-se com o colega Faustão, da Rede Globo.

O rádio também foi a porta de entrada de José Ferreira Neto no mundo da comunicação. Como já havia um quase homônimo, ele adotou o nome artístico de Roberto Ney. O piauiense que veio estudar em Brasília – e que tinha curta experiência no sistema de som das ruas da cidade natal, Inhuma – conseguiu um contato na Rádio Nacional, e depois de servir café, atender telefone, passar pela discoteca e ser técnico de som, se preparou para ser locutor. Ironicamente, a estréia foi na Rádio Independência, mas logo depois ele voltou para a Rádio Nacional e, posteriormente, foi para a Rádio Planalto.

A televisão só apareceu efetivamente na vida do locutor no início dos anos 80. O "Show da Capital" era um programa de auditório da TV Capital, gravado na sede urbana do Clube do Congresso (702 Sul). Oferecia ao telespectador apresentação de calouros, desfiles de moda e pequenos shows – passaram por lá, por exemplo, Paralamas do Sucesso e Cássia Eller. Depois de dois anos, o programa migrou para a TV Nacional e passou a se chamar "Show da Cidade". Era ao vivo, direto do Teatro da Escola Parque ou do Teatro Nacional.

Roberto Ney se orgulha de lembrar alguns índices de audiência – o programa das tardes de sábado chegou a perder do Chacrinha por apenas dois pontos. Eram apenas duas câmeras e jurados como a socialite Marli Pacheco e o compositor Rômulo Marinho. Os calouros ensaiavam durante a semana. "Eram três calouros ruins e um bom", diz ele. A cantora Angela Regina, que freqüentou o palco de Ney, se lembra do slogan do apresentador: "A força de todo artista está na palma de sua mão". Acompanhando a frase, um gesto com a mão que passou a ser repetido pelos fãs onde quer que o apresentador chegasse.

O "Show da Cidade" durou até 1996 na TV Nacional e depois foi apresentado na Band e na TV Brasília em esquema de produção independente. Em 2002, Roberto Ney pegou um caminho alternativo: resolveu produzir teledramaturgia. Começou a fazer a minissérie "Terra Prometida", sobre Brasília, para ser apresentada no mesmo ano, centenário de nascimento de JK. A morte de dois dos atores, Rubens de Falco e Jardel Mello, interrompeu o projeto. Na teledramaturgia, Roberto Ney agora é Ney Ferreira e comanda a produtora Tele Drama, instalada na comercial da 215 Norte. "Tudo o que você faz é grande, não existe coisa pequena em televisão", sentencia ele.

Consuelo Badra, jurada nos programas do Chacrinha

Brasília chique

Toda cidade brasileira que se preze, com mais de 500 mil habitantes, tem seu programa de colunismo social na TV. Geralmente são produções independentes, que ocupam alguns horários dos fins de semana. Brasília não escapa à regra e a televisão local tem sempre se dividido entre os programas das "baladas jovens" e os que mostram as festas do high society mais tradicional. Na capital do poder, não falta gente disposta a aparecer nas colunas sociais eletrônicas.

Alguns aproveitam nichos desta alta sociedade. A pioneira Sophia Wainer, que chegou à cidade em 1960, esquadrinhou o mundo diplomático de 1979 a 1981 na TV Brasília. Com o sugestivo nome de "Avenida das Nações", o programa semanal mostrava, nas tardes de sábado, entrevistas com embaixadores e atrações culturais dos países. "Eu não sabia nada de televisão, mas entrei com a cara e a coragem. Muitas vezes, o próprio embaixador me ajudava com o microfone", diverte-se Sophia, que veio para Brasília trabalhar na sucursal do jornal "Última Hora", do irmão Samuel Wainer, se apaixonou pela cidade e prosseguiu na carreira de colunista social de jornais impressos.

Bastava uma conversa prévia com os diplomatas – quase sempre em inglês ou francês – e tudo estava pronto para começar a gravação. As próprias embaixadas cediam imagens dos países, das manifestações culturais e músicas para serem aproveitadas no programa. Artistas estrangeiros que estivessem passando por Brasília também eram alvo das entrevistas. Depois de dois anos na TV, o programa ainda durou um ano na rádio Planalto. Mas, sem patrocinador fixo, saiu do ar.

Se o orçamento era curto para quem estava amparado por uma emissora, os que optam pela produção independente também fazem tudo na ponta do lápis. A advogada Bernadete Alves é uma das figuras mais conhecidas da televisão local – seu "Brasília na TV" está no ar desde 1999. Mas se engana quem pensa que o currículo de Bernadete só inclui os salões nobres: ela começou em 1987, na TV Capital, comandando um programa de prestação de serviços à comunidade e distribuía de agasalhos a dentaduras. Dois anos depois, mudou-se para a TV Nacional – novamente com a prestação de serviços, mas já enxertando algumas entrevistas com integrantes de embaixadas. Passou pela TV Record e, há 13 anos estacionou na TV Brasília para, segundo ela, cobrir eventos corporativos e mostrar bons exemplos na vida social da capital.

"Meu programa não tem baixaria, não se fala mal dos outros, não tem cenas apelativas", afirma ela, que diz ter ouvido de alguém da TV Globo que o "Brasília na TV" disputa audiência com a emissora-líder aos domingos. Ela já recusou, por exemplo, fazer uma reportagem com uma socialite que só queria mostrar a Mercedes e o anel de brilhantes dados pelo marido. "Fui embora da festa e depois perdi o apoio de várias empresas". Bernadete diz que recebe, sim, pelas reportagens que faz: cobra os custos da gravação e da edição do material. E já está iniciando a família no mètier: o filho Gustavo é o produtor do programa; o do meio, Guilherme, repórter desde 2000, foi substituído em 2010 pelo caçula Gilbert.

A baiana Consuelo Badra, em Brasília desde 1961, fez fama na cidade como colunista social. Mas o trânsito na alta sociedade lhe abriu as portas para trabalho bem diversificados na televisão, que ultrapassaram as fronteiras do Distrito Federal. A primeira experiência na telinha foi na TV Nacional, entre 1968 e 1969, no programa feminino "Jornal da Mulher". O mesmo tipo de produção da qual ela participou, anos depois, na TV Alvorada e na emissora que a sucedeu, a TV Capital. A colunista orgulha-se de ter sido a primeira apresentadora local do "Jornal Hoje", da Rede Globo,. Paralelamente, colunas sociais nos jornais "Diário de Brasília" e posteriormente no "Jornal de Brasília".

A fama lhe rendeu convites para aparecer em rede nacional. Compôs o corpo de jurados do animador Chacrinha. "Ele me apresentava como a jornalista de Brasília", lembra, com um sorriso largo. Também integrou o time de jurados de Flávio Cavalcanti, outro apresentador famoso da TV Tupi. Consuelo diz que os colegas jornalistas torciam o nariz para esta pegada popular. "Mas todo mundo assistia, eu fiquei conhecida nacionalmente". Ela se recorda do tumulto que causou ao participar, certa vez, da inauguração da Casa do Cantador, na Ceilândia: estavam lá o compositor Chico Buarque e o arquiteto Oscar Niemeyer, mas o povão insistia em tentar se aproximar da loira brasiliense que julgava os calouros na TV.

Estrela no Planalto Central

A atriz Françoise Forton já era conhecida em todo o país – por causa das telenovelas e do cinema – quando resolveu voltar a morar em Brasília. Recém-casada, queria trabalhar na cidade. Foi apresentada ao diretor Ronaldo Duque, que levou à TV Capital o projeto de um programa. O "Studio M" estreou em 1981 e, por um ano e meio, ocupou uma hora da programação da emissora, de segunda a sexta-feira.

O programa, ao vivo, mesclava a vontade da equipe de produção – falar de arte – com o desejo da emissora – abordar assuntos políticos. A pauta era organizada pela jornalista Coeli Mendes. Mesmo assim, não era raro o dia em que Françoise recorria aos amigos para garantir um entrevistado na hora certa. "Era tudo muito novo para mim", lembra ela, que, na primeira temporada em Brasília, durante a infância e a adolescência, havia participado de programas infantis e concursos de fantasias de carnaval.

A experiência como atriz, é claro, ajudou no desempenho como apresentadora. "Eu tinha que ser isenta na minha emoção ao relatar os fatos", salienta ela, que pelo menos uma vez não conseguiu seguir esta regra à risca. Em janeiro de 1982, no meio do programa, recebeu um bilhetinho do diretor – o meio de comunicação mais freqüente entre os dois durante aquela hora diária. A cantora Elis Regina havia morrido. "Foi dificílimo, fiquei impactada. Tinha que dar a notícia, fiquei arrasada, mas tive que continuar o programa".

Tão difícil quanto segurar a emoção era lidar com a precariedade da estrutura. O estúdio, anexo à Torre de Televisão, era pequeno. De vez em quando, uma mosca dividia a bancada com Françoise. Nos dias em que a fonoaudióloga Mara Neubarth participava em um quadro direcionado às crianças, era preciso tirar a poltrona do convidado para instalar o quadro-negro e a estante que faziam parte do cenário do quadro.

A equipe eram três pessoas, coadjuvadas por uma máquina de escrever, um telefone e uma mesa. "Era quase um acampamento", diverte-se ela, que tem boas lembranças da experiência. "Era delicioso, a gente matava um touro por dia". O desafio também lhe rendeu outros frutos: participou de um programa de auditório, ao vivo, na Rede Bandeirantes; passou uma temporada gravando "cabeças" **(chamadas para as reportagens)** do "Fantástico" da Rede Globo e deu aula de Literatura e OSPB no Telecurso da Fundação Roberto Marinho.

Foto: Arquivo Pessoal/João Antonio

Os atores João Antonio e Bidô Galvão em "A Morte do Caixeiro Viajante"

Cardápio variado

Assim como aconteceu no resto do país, o teatro esteve na televisão em Brasília desde os primeiros momentos. Até a década de 80, o telespectador teve a oportunidade de assistir à encenação de textos clássicos e do melhor da dramaturgia brasileira. No princípio, tudo era ao vivo e há inúmeras histórias de contratempos vividos por atores e técnicos. Depois, o videoteipe deu um alívio a todos e as produções puderam ser feitas com mais tranqüilidade.

Uma das pioneiras na dramaturgia televisiva já era famosa no Rio de Janeiro quando decidiu, junto com o marido, vir a Brasília criar um núcleo de teleteatro na TV Nacional. A atriz Theresa Amayo era conhecida no teatro e na televisão; o ator Mário Brasini era contratado da Rádio Nacional do Rio e veio ser o diretor artístico da TV Nacional. Fundaram a Companhia Teatro Permanente de Brasília e durante um ano e meio, entre 1962 e 1963, mostraram teatro ao público brasiliense também na televisão, no programa "Teledrama".

O programa era semanal e o casal procurou reproduzir, em Brasília, o que já fazia na TV Continental do Rio. Na televisão, apresentaram textos como "A Ilha das Cabras", de Ugo Betti, "Irene", de Pedro Bloch e "E o Noroeste Soprou", de Edgard da Rocha Miranda. Paralelamente, no teatro, encenavam "O Noviço", de Martins Pena e "O Rapto das Cebolinhas", de Maria Clara Machado. Não foi difícil achar elenco, porque muitos atores tinham largado a carreira na ex-capital para serem funcionários públicos. Como os salários atrasavam freqüentemente – segundo Theresa, nunca chegaram a ser pagos – ela participava também de um programa infantil, "Clube da Priminha", na TV Brasília.

A adaptação das peças para a televisão tinha três atos – os atores se acostumaram a conviver com as câmeras pesadíssimas da época e com algumas particularidades de uma cidade que estava nascendo.

Como a vez em que o eletricista do estúdio onde o teatro ao vivo estava sendo encenado quis fixar um fio solto no quadro de luz e descobriu que o fio, na verdade, era uma cobra coral.

A utopia da nova capital contagiava os atores. "A gente pensava que era imortal", diz Theresa, que ficou viúva de Mário Brasini há 13 anos. "A gente se sentia orgulhosa de começar o teatro em Brasília e queria espalhar teatro para o Brasil inteiro", diz ela, emocionada. Mas o regime militar interrompeu os sonhos do casal: o marido era comunista e foi chamado de volta ao Rio de Janeiro. Respondeu a Inquérito Policial Militar e foi cassado pelo Ato Institucional 1. Theresa voltaria a fazer sucesso, desta vez em novelas como "Sangue e Areia" e "Pecado Capital".

Outra experiência de teatro na televisão aconteceu a partir de 1983, na TV Nacional. O "Teatro Nacional" trazia, a cada mês, um programa sobre um autor, com informações sobre o dramaturgo e cenas de diversas peças, encenadas por atores da cidade. Cada programa tinha um diretor diferente. As gravações eram na Sala Martins Pena do Teatro Nacional ou no Teatro da Caixa. Algumas leituras do texto eram feitas antes. João Antonio de Lima Esteves dirigiu parte dos episódios. "No dia da gravação, os atores decoravam o texto e já iam para o estúdio fazer as marcações", conta. As gravações eram feitas com uma câmera só, o que exigia muita criatividade dos diretores. "A cena inteira era com uma marcação feita em "U", pois a preocupação era não pegar a platéia", acrescenta. O repertório ia de Tenesse Williams a Nelson Rodrigues.

A lista de atores e atrizes tinha os melhores do teatro da cidade na época: Cyrano Rosalém, Waldez Ludwig, Carmem Moretszohn, Bidô Galvão, Guilherme Reis, Chico Expedito e Graça Veloso, entre outros. Havia poucos elementos cênicos e os figurinos eram emprestados do acervo do Teatro Nacional. Os atores, pouco acostumados a se verem em cena, se reuniam todos os meses na casa da fonoaudióloga Mara Neubarth para assistir ao programa. A classe teatral disputava uma vaguinha nos elencos. "O que era considerado um Ibope baixo, cerca de 12 mil pessoas, era um público muito maior do que qualquer peça", salienta João Antonio. Ele se orgulha de outro tipo de repercussão: o programa despertou interesse de uma emissora de Curitiba e ecoou até em Cabo Verde. O último "Teatro Nacional" foi ao ar em março de 1984.

Dividindo a tela

A atriz Carmem Moretzsohn contabiliza uma experiência diferente em termos de "exportação" de produção brasiliense: durante curto espaço de tempo, seu rosto foi exibido em rede nacional. Em 1996, era uma das apresentadoras do "Cineclube Banco do Brasil", sessão de cinema da Rede Bandeirantes. A outra ficava nos estúdios da Band no Rio de Janeiro: era a atriz Fernanda Torres. Além da apresentação formal do filme, com sinopse e ficha técnica, Carmem lembra que havia sorteios, uma experiência de interatividade com o telespectador.

De Brasília para o Brasil

Por mais que se esforçasse – e a regra ainda persiste até hoje – Brasília raramente conseguiu "emplacar", em rede nacional, outro produto televisivo que não fosse o telejornalismo diário, com a cobertura política, econômica e social. Mas durante dez anos – de 1988 a 1988 – uma produção independente, veiculada na Rede Manchete, furou este bloqueio. "Estação Ciência", que pegou o nome emprestado de um museu de São Paulo, falava de ciência e tecnologia de uma forma acessível e tocou em questões ambientais que só viriam a ser exploradas pela imprensa em geral anos depois.

A iniciativa foi da produtora Ema Vídeo, que quis investir o dinheiro de uma consultoria feita na África em um produto novo. Os sócios da empresa sediada na entrequadra 708/709 Norte, tomando como modelo o "Globo Rural", da Rede Globo, planejaram um programa sobre ciência e tecnologia. Procuraram o CNPq, que ofereceu passagens aéreas. Mostraram o projeto à Rede Manchete, onde Arnaldo Niskier dirigia a área de programas educativos. "Eles tinham dificuldade de encher a grade da área de educação", lembra Ricardo Monte Rosa, um dos sócios. Ele conta que, junto com Luiz Gonzaga Motta, o outro sócio, foi recebido em um almoço pelo dono da Manchete, Adolpho Bloch, que ameaçou, em tom de brincadeira: "Se der errado, eu corto a cabeça de vocês".

Não deu errado, muito pelo contrário. Conseguiram outros patrocinadores, como a Fundação Banco do Brasil e a FINEP (Financiadora de Estudos e Projetos, do Ministério da Ciência e Tecnologia). Puderam fazer reportagens sobre assuntos variados como a base brasileira na Antártida, a Escola de Sagres, em Portugal, o acidente nuclear de Chernobyl, na Rússia e o desmatamento da Amazônia. A proposta era um trabalho de maior pesquisa por parte dos repórteres: a fonte de inspiração era a emissora pública norte-americana PBS. Toda sexta-feira, a fita com o programa pronto seguia de avião para o Rio de Janeiro, onde era a sede da Rede Manchete. A meia hora de ciência e meio ambiente era exibida aos domingos, pela manhã.

Por causa do programa, precisaram melhorar a infraestrutura da produtora. "Nosso estúdio era no subsolo, muito precário", se recorda Gonzaga Motta. Eles providenciaram isolamento acústico, ilhas de edição mais modernas, começaram a trabalhar com computação gráfica e foram dos primeiros em Brasília a utilizar câmeras Betacam, substituindo as antigas U-Matic. Construíram a bancada dos apresentadores: primeiro, Tânia Viegas e Luiz Gonzaga Motta; depois, ele sozinho; a seguir, com a nova parceira, a atriz Carmem Moretzsohn. Chegaram a ter mais de 30 funcionários com carteira assinada. O investimento foi de US$ 1 milhão em dois anos. "Fomos absolutamente pioneiros para um programa feito fora do eixo Rio-São Paulo", complementa.

Ricardo Monte Rosa ressalta a preocupação em extrair dos cientistas, em poucas palavras e em linguagem clara, informações sobre aquilo que eles estavam produzindo. "A gente pedia a eles para falarem três vezes seguidas e usávamos três câmeras". Tiveram programas dirigidos por cineastas como Liloye Boubli, José Eduardo Belmonte, Sérgio Bernardes e Carlos Del Pino, entre outros. A lista é quase tão grande quanto a de prêmios: a Margarida de Prata da CNBB, o Wladimir Herzog e o Prêmio José Reis de Divulgação Científica. "Recebíamos muitas cartas, o programa tinha muita repercussão", atesta Ricardo. O "Estação Ciência" só acabou quando as fontes de patrocínio secaram – e a cidade perdeu seu espaço na programação em rede nacional.

Revista experimental

A mesma turma que produziu o "Estação Ciência" na Rede Manchete resolveu apostar em uma experiência diferente na televisão local – em 1995 colocou no ar, logo depois do horário do "Fantástico" da Rede Globo, uma revista eletrônica mostrando como se comportavam as pessoas de Brasília. O dinheiro da Ema Vídeo dava para dois meses de produção do programa na TV Brasília, mas segundo Ricardo Monte Rosa, eles conseguiram esticar o programa por mais um mês. "A intenção era mostrar Brasília para si própria, apresentar uma tribo para outra", diz ele. O cardápio era variado: do reggae do Hotel Kingston, em Taguatinga, aos rodeios de Luziânia, passando pelo *rap* e por uma reportagem marcante, sobre grilagem de terras no DF. Luiz Gonzaga Motta se lembra de uma entrevista com o senador Marco Maciel no anexo do Itamaraty, prédio apelidado de Bolo de Noiva por causa da forma arredondada. "A gente perguntou o que ele fazia nos fins de semana e ele respondeu que lia dicionários". Muitas vezes, os diretores varavam a noite editando o material. "Nunca mais teve um programa como este, sinto falta de um programa que mostre a cidade real", reclama Monte Rosa.

Na hora do intervalo

Efeitos especiais por computador, artistas famosos vendendo produtos, locações externas. Nada disso condiz com a realidade dos comerciais de televisão dos primeiros anos de TV em preto-e-branco no Planalto Central. O comércio de Brasília queria anunciar. O jeito era improvisar. As lembranças do cinegrafista Joaquim Alves dos Santos, que no final dos anos 60 era contra-regra na TV Brasília, são de muito suor. Ele era responsável por montar o set (cenário) dos comerciais, que eram feitos ao vivo. "Eram seis comerciais por noite. A gente montava de trás pra frente: uma sala de estar, uma sala de jantar, uma cozinha. Tapadeiras (**painéis**) coloridas separavam os cenários", recorda-se Joaquim. O pecado mortal? Errar a seqüência dos sets, embananando a vida dos garotos e garotas-propaganda e provocando a ira dos donos de lojas da época, como Solomaq e Vestil.

A mesma correria testemunhou o iluminador Geraldo Vieira da Silva nos anos 70, quando trabalhava na TV Globo. Os comerciais já eram gravados, mas eram de 15 a 20 por tarde. "Os produtos eram levados para o estúdio, mas muitas vezes a gente usava também fotos de revistas pregadas na parede", rememora ele. Os supermercados também levavam os produtos alimentícios para a gravação. Continuava o mesmo esquema de montar salas, cozinhas e quartos fictícios: certa vez, Geraldinho – como é conhecido pelos colegas – gravou um comercial com os trapalhões Mussum e Zacarias, então no auge da popularidade.

Expoentes do teatro brasiliense eram freqüentemente chamados para estrelar os comerciais. O ator João Antonio fez muitas peças publicitárias. "Eu era criticado, naquela época não era de bom tom", ri João. Nos anos 80, ele foi a Pirenópolis filmar um comercial de calçados e participou de grandes produções, como a propaganda da companhia telefônica Telebrasília que incluía a

Orquestra Sinfônica do Teatro Nacional, tendo o ator Alexandre Ribondi como o regente. “Quando a gente está no ar, as pessoas nos reconhecem na rua”, observa o ator/diretor/professor aposentado da Universidade de Brasília.

Reconhecimento de uns, crítica de outros também rechearam a trajetória do ator André Amaro pelas propagandas da cidade. Logo depois de formado em Teatro pela Faculdade Dulcina, em 1986, ele participou, como figurante, de um comercial da rede Polar Tintas. Em seguida, foi convidado para ser o garoto-propaganda das lojas e ficou tão popular quanto o slogan “com P de pintor”. Durante um ano, batia ponto todos os meses na telinha. “Na maioria das vezes, as gravações eram em estúdio, mas a gente também gravou nas lojas”, lembra ele.

A campanha publicitária da Polar Tintas utilizou alguns recursos tecnológicos da época, como o início da computação gráfica: em um dos comerciais, quando André levantava a mão, surgiam placas feitas por computador. A técnica do cromaqui (projeção de imagens em uma tela atrás do modelo) possibilitou a “mágica” de ter o garoto-propaganda andando na beira de uma lata de tinta...e caindo dentro dela no final. Depois da loja de tintas, André Amaro ainda fez campanhas para um colégio particular. Na sequência, foi exclusivo, durante seis meses, de um supermercado da Ceilândia e ficou conhecido como o garoto Supercei. “O problema é que o seu rosto fica associado a uma marca e ninguém te chama para fazer mais nada. E o salário não é compatível com a exclusividade”, reclama ele, que, depois de um tempo, desistiu da carreira na publicidade local.

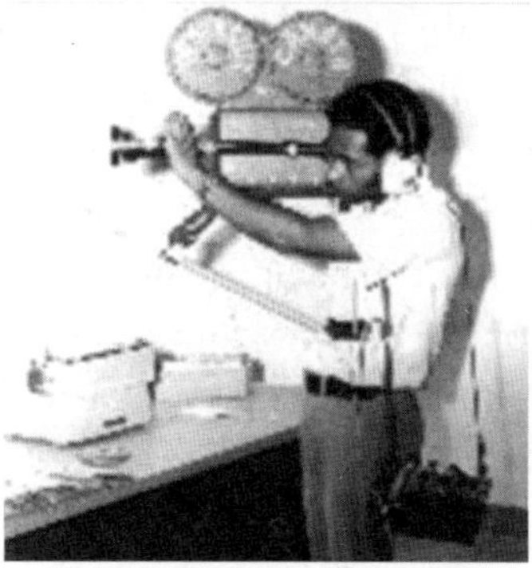

Joaquim: *cameraman* da TV Brasília